クイズでスポーツがうまくなる

知ってる？ラグビー

はじめに

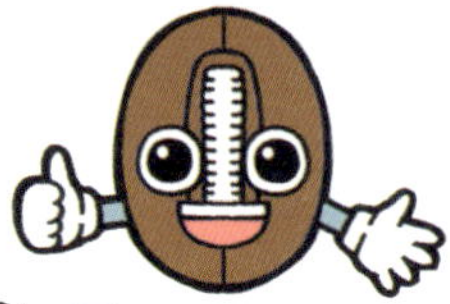

ラグビーは自由《じゆう》だから自分《じぶん》で考《かんが》える
成長期《せいちょうき》の子《こ》どもにふさわしいスポーツ

　野球《やきゅう》でもサッカーでもバスケットでも同《おな》じですが、子《こ》どもがスポーツをする意義《いぎ》は、「みんなといっしょにやるのが楽《たの》しいんだ！」という気持《きも》ちを知《し》ってもらうことだと私《わたし》は考《かんが》えています。子《こ》どものときに、お互《たが》い力《ちから》を合《あ》わせて一生懸命《いっしょうけんめい》何《なに》かに取《と》り組《く》む経験《けいけん》をしておくことは、将来《しょうらい》必《かなら》ず役《やく》に立《た》ちます。

　特《とく》にラグビーは自由《じゆう》で、なおかつ大人《おおにん》数《ずう》で行《おこな》うスポーツです。自分《じぶん》で考《かんが》え、意見《いけん》をいい合《あ》って、みんなで力《ちから》を合《あ》わせて戦《たたか》うことができなければ、上手《じょうず》になりません。時《とき》にはぶつかって痛《いた》い思《おも》いをすることもあります。そんな競技《きょうぎ》だからこそ、成長期《せいちょうき》の子《こ》どもにとってこれほどふさわしいスポーツはないと思《おも》っています。

　トライを取《と》ったときの気持《きも》ちよさは特別《とくべつ》ですし、タックルで相手《あいて》を倒《たお》したときの喜《よろこ》びや充実感《じゅうじつかん》も言葉《ことば》では表《あらわ》せないほどすばらしいものです。責任《せきにん》をはたしたときに仲間《なかま》からほめられることも、何《なに》よりの喜《よろこ》びになります。この痛《いた》みをともなうきついスポーツをやりきることで、子《こ》どもたちはみな、ほれぼれするような表情《ひょうじょう》になっていきます。

　これからも、ラグビーを通《つう》じてそんな子《こ》どもたちがたくさん育《そだ》っていってほしい。そのために、この本《ほん》が少《すこ》しでも役《やく》に立《た》つことを願《ねが》っています。

仲西《なかにし》　拓《たく》

この本《ほん》の使《つか》いかた

この本《ほん》では、ラグビーをするときに、みなさんが疑問《ぎもん》に思《おも》うことや、うまくなるためのコツ、練習《れんしゅう》のポイントなどをクイズ形式《けいしき》で紹介《しょうかい》していきます。初級《しょきゅう》から上級《じょうきゅう》まで、問題《もんだい》レベルが一目《ひとめ》でわかるようになっています。ぜひ、上級問題《じょうきゅうもんだい》にも答《こた》えられるように挑戦《ちょうせん》してみてください。

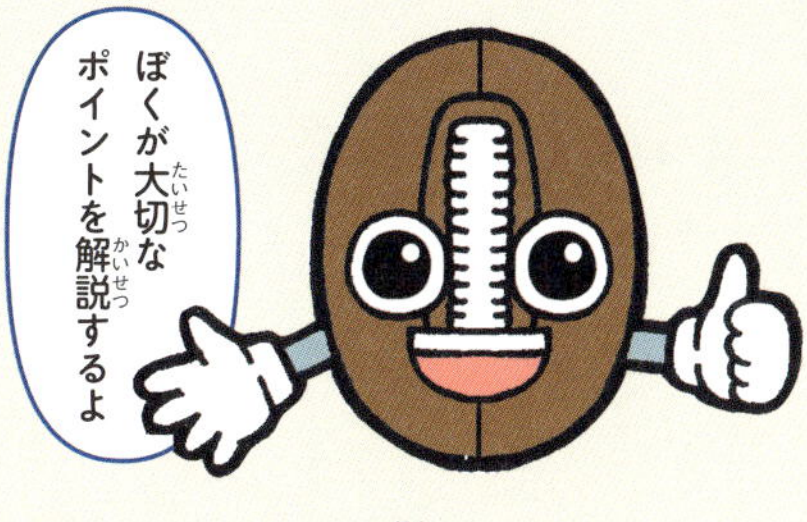

この本《ほん》のキャラクター
ラグビーくん

問題《もんだい》と答《こた》えのマークについて

クイズのマークです。初級《しょきゅう》、中級《ちゅうきゅう》、上級《じょうきゅう》に分《わ》かれています

00の答《こた》え

クイズの解答《かいとう》です

そのほかのマークについて

[ヒント]

問題《もんだい》のヒントです。問題《もんだい》がむずかしいときは見《み》てください

[なんで?]

正解《せいかい》の理由《りゆう》、疑問《ぎもん》に思《おも》うポイントをくわしく解説《かいせつ》しています

[ポイント]

実際《じっさい》のプレーで生《い》かせるワンポイントアドバイスです

[トライ]

実際《じっさい》のプレーに生《い》かすために、やってみてほしい練習《れんしゅう》です

[用語説明《ようごせつめい》]

ラグビーの専門用語《せんもんようご》などを解説《かいせつ》しています。用語《ようご》は140ページのさくいんでも調《しら》べられます

[OK]

動作《どうさ》やプレーのいい例《れい》です

[NG]

動作《どうさ》やプレーの悪《わる》い例《れい》です

もくじ

問題番号《もんだいばんごう》の上《うえ》にあるマークは、各問題《かくもんだい》の難易度《なんいど》を示《しめ》しています

初…初級《しょきゅう》
中…中級《ちゅうきゅう》
上…上級《じょうきゅう》

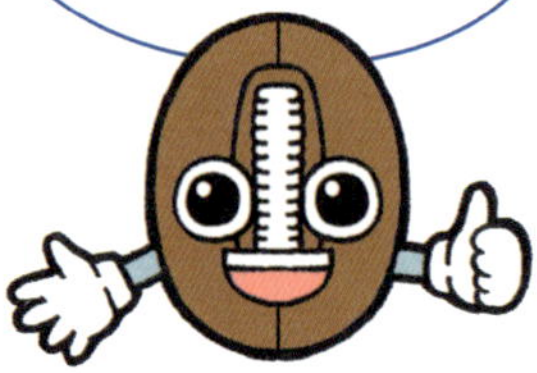

第《だい》1章《しょう》

ラグビーの
おもしろさを知《し》ろう

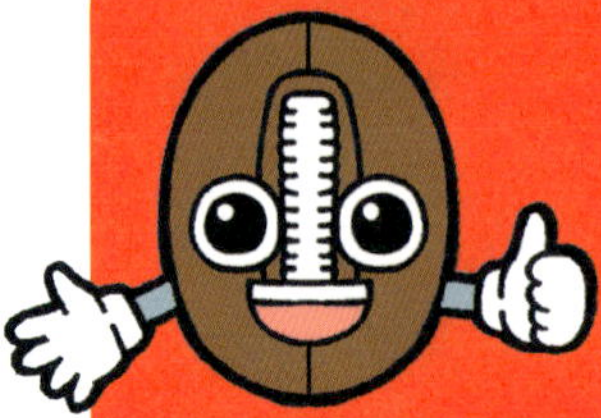

ラグビーは だれでも楽《たの》しめる スポーツ

自分《じぶん》の特徴《とくちょう》を生《い》かそう

ラグビーは、ボールを持《も》って自由《じゆう》に走《はし》ることができるスポーツです。パスやキックもできるし、相手《あいて》に体当《たいあ》たりしてOK。逆《ぎゃく》に守《しゅ》備側《びがわ》は、相手《あいて》をタックルで倒《たお》すことができます。汚《きたな》いプレーや危険《きけん》なプレー以外《いがい》はなんでもできるわけですから、これほど楽《たの》しいスポーツはほかにないといってもいいでしょう。

またラグビーは、その人《ひと》の特徴《とくちょう》を生《い》かせるスポーツです。体《からだ》が大《おお》きい人《ひと》は高《たか》さや重《おも》さが武器《ぶき》になりますし、体《からだ》が小《ちい》さい人《ひと》はスピードや素早《すばや》さが持《も》ち味《あじ》になります。ラグビーでは小《ちい》さい人《ひと》や足《あし》が遅《おそ》い人《ひと》も活躍《かつやく》できる場面《ばめん》があるのです。

キツい、汚《きたな》い、危険《きけん》という『3K』のスポーツといわれることもありますが、3Kにもよさはあります。人《ひと》とぶつかり合《あ》うことで痛《いた》みを知《し》ることができますし、苦《くる》しい経験《けいけん》をしておくことは、後々《のちのち》の人生《じんせい》で必《かなら》ず生《い》きます。

安全《あんぜん》で、簡単《かんたん》で、いつも何《なに》かに守《まも》られているようなものは、退屈《たいくつ》で、何《なん》の魅《み》力《りょく》もありません。もちろん安全《あんぜん》にプレーすることは大《たい》切《せつ》ですが、「これは危険《きけん》なプレーなんだ」と知《し》ることもまた意味《いみ》があります。危険《きけん》をともなうからこそ自分《じぶん》の身《み》を守《まも》る集中力《しゅうちゅうりょく》と緊張感《きんちょうかん》が養《やしな》われますし、勇《ゆう》気《き》を持《も》って相手《あいて》に立《た》ち向《む》かう強《つよ》い気持《きも》ちも培《つちか》われます。キツく苦《くる》しい競技《きょうぎ》だからこそ、挑戦《ちょうせん》してその状況《じょうきょう》を乗《の》りこえる力《ちから》が身《み》につきます。

ラグビーは、人間《にんげん》のすべての能力《のうりょく》を生《い》かすことができます。だからこそ、どんな人《ひと》にも適《てき》したポジションがあり、だれにでも楽《たの》しむことができるスポーツなのです。

そんな苦楽《くらく》をともにできるラグビーには感謝《かんしゃ》・絆《きずな》・感動《かんどう》という『3K』も備《そな》わっているのです。

問題《もんだい》 初級《しょきゅう》 01

ラグビーってどんなボールを使《つか》うの？ イラストを見《み》て正解《せいかい》の番号《ばんごう》を選《えら》んでください。

\ヒント/
hint

スポーツで使《つか》われるボールの多《おお》くは丸《まる》いボールですが、ラグビーボールは一風《いっぷう》変《か》わった形《かたち》をしています。その起源《きげん》はふくらませた豚《ぶた》のボウコウに皮《かわ》をはり合《あ》わせてつくられたもので、持《も》って走《はし》りやすくするためにこの形《かたち》になったといわれています。

答《こた》えがわかったらページをめくってね

01の答《こた》え ▼ 2

このボールがラグビーを
よりおもしろくしているんだよ

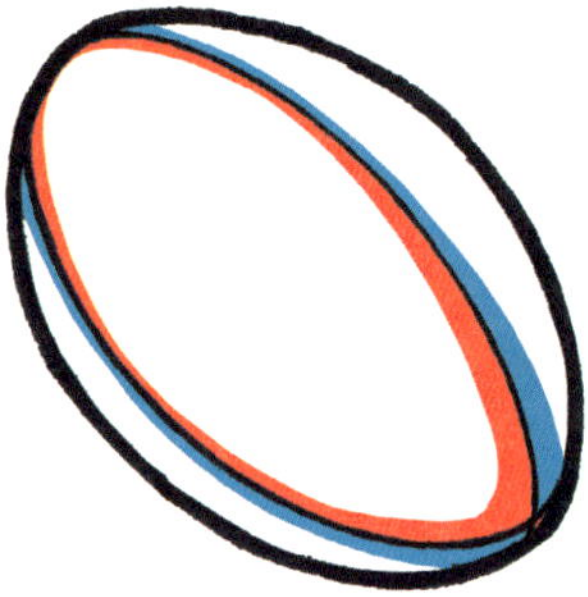

SCEPTRE
WM-II
SCEPTRE
model 1000

▲右《みぎ》は以前使《いぜんつか》われていた革製《かわせい》のボール。現在《げんざい》はほぼすべての試合《しあい》で左《ひだり》のようなゴム製《せい》のボールが使用《しよう》される

▶タッチライン

グラウンドの両《りょう》サイドに引《ひ》かれたラインで、ここからボールが出《で》るとプレーが中断《ちゅうだん》される

PO!NT

どちらに転《ころ》がるかわからないのが楕円形《だえんけい》のラグビーボールの特徴《とくちょう》

楕円形《だえんけい》のラグビーボールの一番《いちばん》の特徴《とくちょう》は、『どちらに転《ころ》がるかわからない』ということです。丸《まる》いボールならそのままタッチラインをこえるところなのに、直前《ちょくぜん》でバウンドが変《か》わって内側《うちがわ》に転《ころ》がる、といったケースがラグビーではよくあります。上手《じょうず》な選手《せんしゅ》は転《ころ》がる方向《ほうこう》を計算《けいさん》して回転《かいてん》をかけたりしますが、それでも最後《さいご》にどちらに転《ころ》がるかはやってみなければわかりません。トップレベルの試合《しあい》ですら、予想外《よそうがい》のバウンドで試合《しあい》が決《き》まってしまうことが時々《ときどき》あります。だからラグビーでは、最後《さいご》まであきらめずにボールを追《お》いかけることがとても大事《だいじ》です。

また、ラグビーボールはどちらに転《ころ》がるかわからないので、野球《やきゅう》やサッカーのようにひとりで壁《かべ》にぶつけて練習《れんしゅう》することができません。『仲間《なかま》がいなければできない』という点《てん》も、ラグビーの特性《とくせい》だといえます。

問題《もんだい》 初級《しょきゅう》 02

1チームの人数《にんずう》は何人《なんにん》でしょう？試合《しあい》に出《で》る人数《にんずう》を数字《すうじ》で答《こた》えましょう。

野球《やきゅう》は９人《にん》
バスケットは５人《にん》
ラグビーは何人《なんにん》かな？

ラグビーは大人数《おおにんずう》で
プレーする団体《だんたい》
スポーツだよ

ヒント
hint

ラグビーは、年齢《ねんれい》によって
1チームの競技《きょうぎ》人数《にんずう》が異《こと》なります。

答《こた》えがわかったらページをめくってね

02の答《こた》え

現在《げんざい》、日本《にほん》ラグビーフットボール協会《きょうかい》が制定《せいてい》するルールでは、
1チームの競技人数《きょうぎにんずう》は以下《いか》のように定《さだ》められています。

- 8歳以下《さいいか》　＝5人《にん》（フォワード1人《ひとり》、バックス4人《にん》）
- 10歳以下《さいいか》　＝7人《にん》（フォワード3人《にん》、バックス4人《にん》）
- 12歳以下《さいいか》　＝9人《にん》（フォワード3人《にん》、バックス6人《にん》）
- 中学生《ちゅうがくせい》　＝12人《にん》（フォワード5人《にん》、バックス7人《にん》）
- 高校生以上《こうこうせいいじょう》＝15人《にん》（フォワード8人《にん》、バックス7人《にん》）

ポジション紹介《しょうかい》（丸数字《まるすうじ》は背番号《せばんごう》）

FW フォワード

PR　①③プロップ
大《おお》きな体《からだ》の縁《えん》の下《した》の力持《ちからも》ち。スクラムの最前列《さいぜんれつ》を支《ささ》える。

HO　②フッカー
スクラムに投入《とうにゅう》されたボールを足《あし》で味方側《みかたがわ》へかき入《い》れる。ラインアウトの投入役《とうにゅうやく》を務《つと》めることも多《おお》い。

LO　④⑤ロック
スクラムを押《お》し、ラインアウトでジャンパーを務《つと》め、密集《みっしゅう》戦《せん》の核《かく》にもなる巨漢《きょかん》。

FL　⑥⑦フランカー
豊富《ほうふ》な運動量《うんどうりょう》で攻守《こうしゅ》に動《うご》き回《まわ》り、体《からだ》を張《は》ってボールにからむ。タックラー多《おお》し。

NO8　⑧ナンバーエイト
万能選手《ばんのうせんしゅ》。強靭《きょうじん》な肉体《にくたい》と多彩《たさい》なスキル、ゲームセンスが求《もと》められる。

BK バックス

SH　⑨スクラムハーフ
FW と BK のつなぎ役《やく》。素早《すばや》く動《うご》き回《まわ》り、巧《たく》みにパスを放《ほう》る。

SO　⑩スタンドオフ
司令塔《しれいとう》。パス、キック、ランを駆使《くし》しゲームを組《く》み立《た》てる。

CTB　⑫⑬センター
パス、ラン、タックルと多《おお》くの仕事《しごと》を担《にな》う BK の中心的《ちゅうしんてき》存在《そんざい》。

WTB　⑪⑭ウイング
外側《そとがわ》でボールを受《う》けてトライをねらう俊足《しゅんそく》ランナー。

FB　⑮フルバック
最後《さいご》の砦《とりで》と呼《よ》ばれる防御《ぼうぎょ》の要《かなめ》。攻撃時《こうげきじ》のライン参加《さんか》も見《み》せ場《ば》。

〈15人制《にんせい》のポジション〉

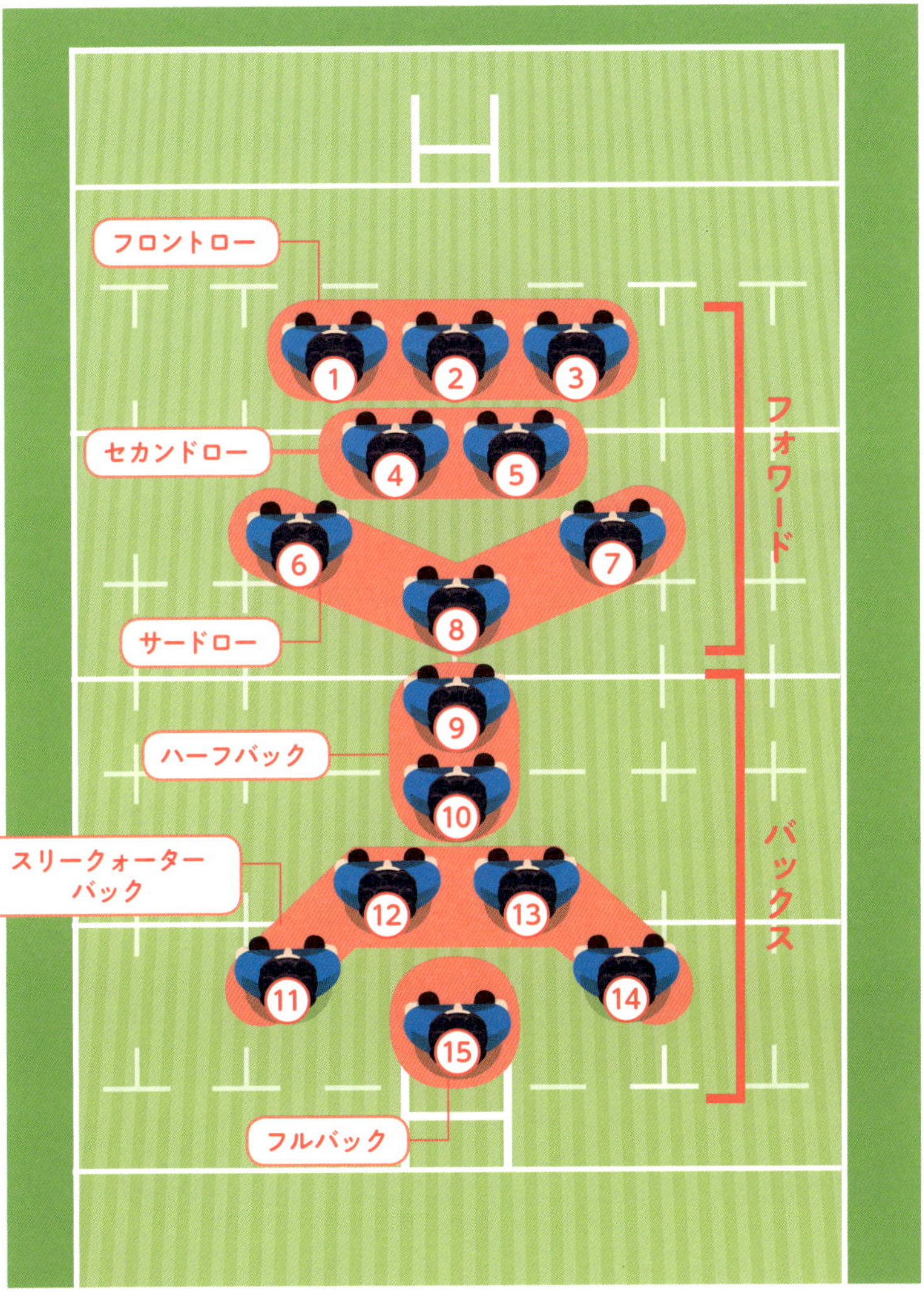

これ知《し》ってる？ フォワードとバックス

フォワードは1番《ばん》から8番《ばん》までの8人《にん》で、ボールを奪《うば》うことや攻撃《こうげき》するバックスのフォローが主《おも》な役割《やくわり》。バックスは9番《ばん》から15番《ばん》までの7人《にん》で、フォワードが奪《うば》ったボールをパスやランで攻撃《こうげき》につなげていくのが主《おも》な役割《やくわり》。さらにポジションの位置《いち》によって、フォワードはフロントロー、セカンドロー、サードローに分類《ぶんるい》され、バックスはハーフバック、スリークォーターバック、フルバックに分類《ぶんるい》される。

POINT

試合時間《しあいじかん》も年代《ねんだい》によって異《こと》なる

ラグビーでは、試合時間《しあいじかん》もそれぞれの年代《ねんだい》によって異《こと》なります。小学生年代《しょうがくせいねんだい》のミニ・ラグビーの場合《ばあい》、8歳以下《さいいか》は前後半《ぜんこうはん》10分《ぷん》ハーフ以内《いない》、10歳以下《さいいか》は15分《ふん》ハーフ以内《いない》、12歳以下《さいいか》は20分《ぷん》ハーフ以内《いない》です。

また中学生《ちゅうがくせい》は20分《ぷん》ハーフ以内《いない》、高校生《こうこうせい》は30分《ぷん》ハーフ以内《いない》、大学以上《だいがくいじょう》のシニアレベルでは40分《ぷん》ハーフで行《おこな》われ、ハーフタイムもそれぞれの年代《ねんだい》によって異《こと》なります（シニアレベルは12分以内《ふんいない》、中高生《ちゅうこうせい》は5分以内《ふんいない》）。オリンピックの正式種目《せいしきしゅもく》となった7人制《にんせい》ラグビーは7分《ふん》ハーフで、ハーフタイムは1分《ぷん》です。

これ知《し》ってる？　ボールの大《おお》きさも大人《おとな》と小学生《しょうがくせい》は違《ちが》う

15人制《にんせい》のラグビーは、さまざまな球技《きゅうぎ》のなかで同時《どうじ》にプレーできる人数《にんずう》がもっとも多《おお》い競技《きょうぎ》です。小学生《しょうがくせい》は最大《さいだい》でも9人《にん》ですが、それでも他《た》競技《きょうぎ》に比《くら》べれば多《おお》いほうでしょう。なお小学生《しょうがくせい》の場合《ばあい》は、グラウンドの大《おお》きさもそれぞれのレベルで違《ちが》います。ちなみに小学《しょうがく》4年生《ねんせい》まではボールの大《おお》きさは3号球《ごうきゅう》（4号球《ごうきゅう》が使《つか》われる場合《ばあい》もある）で、5、6年生《ねんせい》は4号球《ごうきゅう》、中学生以上《ちゅうがくせいいじょう》からは大人《おとな》と同《おな》じ5号球《ごうきゅう》になります。

3号球《ごうきゅう》＝縦《たて》66～68センチ、
横《よこ》48.5～50.5センチ(周囲《しゅうい》)

4号球《ごうきゅう》＝縦《たて》68.5～70.5センチ、
横《よこ》51～53センチ(周囲《しゅうい》)

5号球《ごうきゅう》＝縦《たて》74～77センチ、
横《よこ》58～62センチ(周囲《しゅうい》)

▲小学生《しょうがくせい》は最大《さいだい》で1チーム9人《にん》でプレーする

問題《もんだい》 03

初級《しょきゅう》

写真《しゃしん》は、ラグビーでもっとも大《おお》きなスコアとなる得点《とくてん》シーンです。このプレーを何《なん》といいますか？

1. タッチダウン
2. トライ
3. ゴール
4. ヒット

みんなで
ボールをつないで
これをねらおう

ヒント
hint

ラグビーはこれを目指《めざ》してプレーするスポーツであり、「ラグビーの華《はな》」とも呼《よ》ばれます。

☞ 答《こた》えがわかったらページをめくってね

03の答《こた》え ▶ 2 トライ

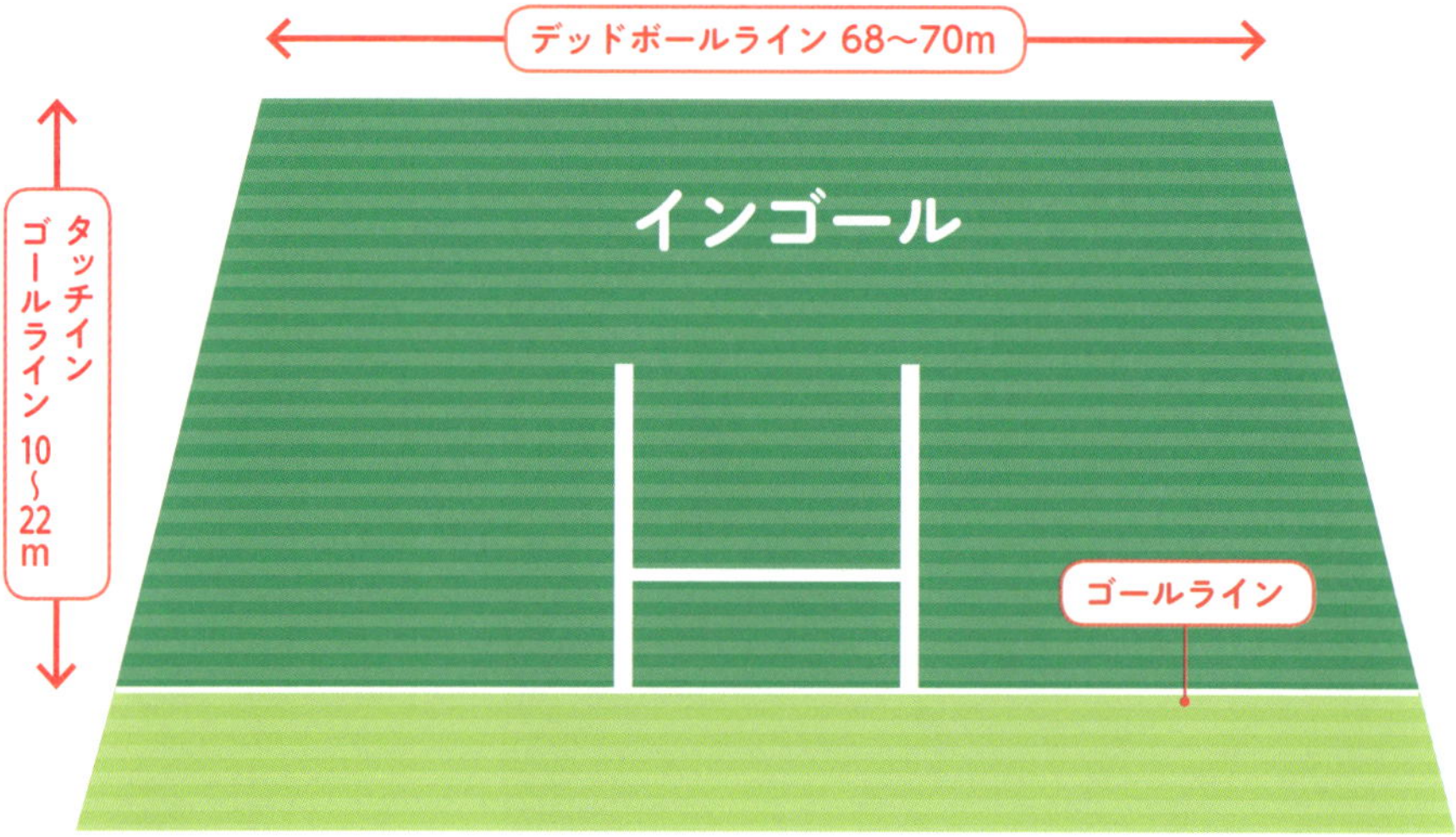

▶インゴール

ボールを着《つ》けるとトライが得《え》られる区域《くいき》で、ゴールライン、タッチインゴールライン、デッドボールラインに囲《かこ》まれたエリア

これ知《し》ってる?

もっともむずかしいトライが得点《とくてん》も一番大《いちばんおお》きい

　ラグビーはボールを先頭《せんとう》にして相手陣地《あいてじんち》に攻《せ》め込《こ》むスポーツです。相手《あいて》が必死《ひっし》に止《と》めようとするなかで前進《ぜんしん》し、相手陣《あいてじん》のゴールラインをこえて「インゴール」と呼《よ》ばれるエリアでボールを地面《じめん》に着《つ》ける（グラウンディングする）と、「トライ」になります。ラグビーにはいくつかの得点方法《とくてんほうほう》がありますが、もっともむずかしいトライが得点《とくてん》も一番大《いちばんおお》きく、5点《てん》が加算《かさん》されます。

　ちなみに、ラグビーという競技《きょうぎ》が生《う》まれた当初《とうしょ》は、インゴールにボールを着《つ》けるとゴールキックをねらえる権利《けんり》を獲得《かくとく》し、キックが成功《せいこう》して初《はじ》めて得点《とくてん》になっていました。そうしたことから、このプレーに「トライ」（ゴールをねらうことができる）という名称《めいしょう》がつけられました。いまではトライをすると得点《とくてん》になり、そのうえでゴールキックをねらうことができます。

問題《もんだい》

04

中級《ちゅうきゅう》

これらは、グラウンディングの瞬間《しゅんかん》のゴールラインとボールの位置《いち》を表《あらわ》した図《ず》です。トライが認《みと》められるのはどれでしょう。

1 ボールの先端《せんたん》がゴールラインに触《ふ》れている

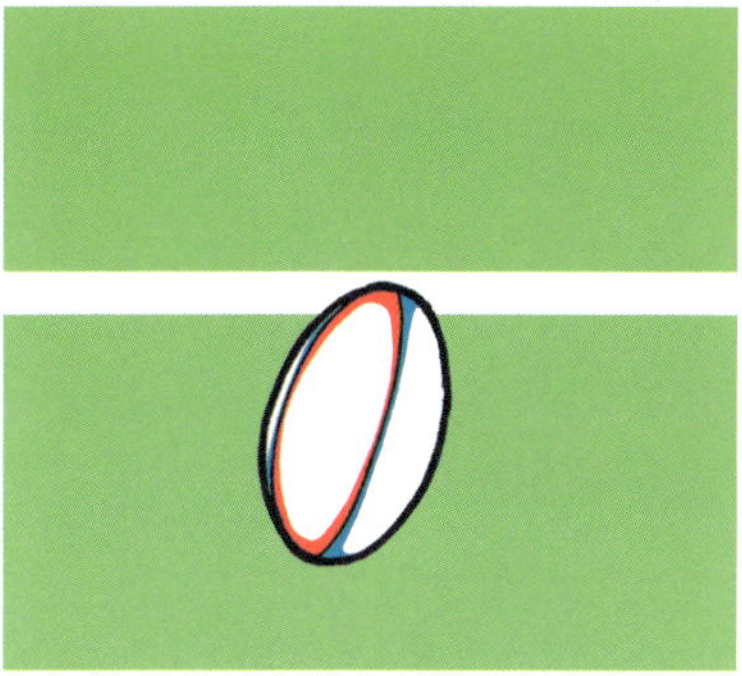

2 ボールが半分以上《はんぶんいじょう》ゴールラインをこえている

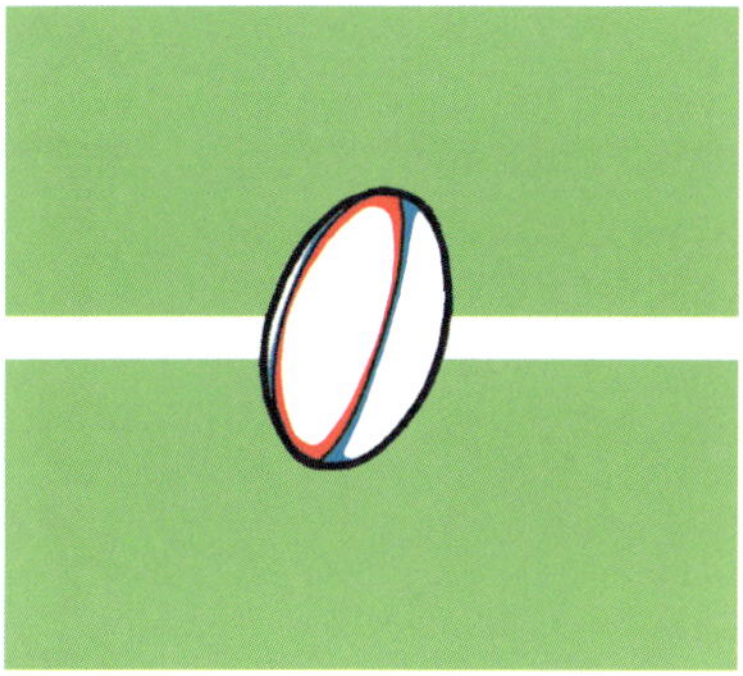

3 ボールが完全《かんぜん》にゴールラインをこえている

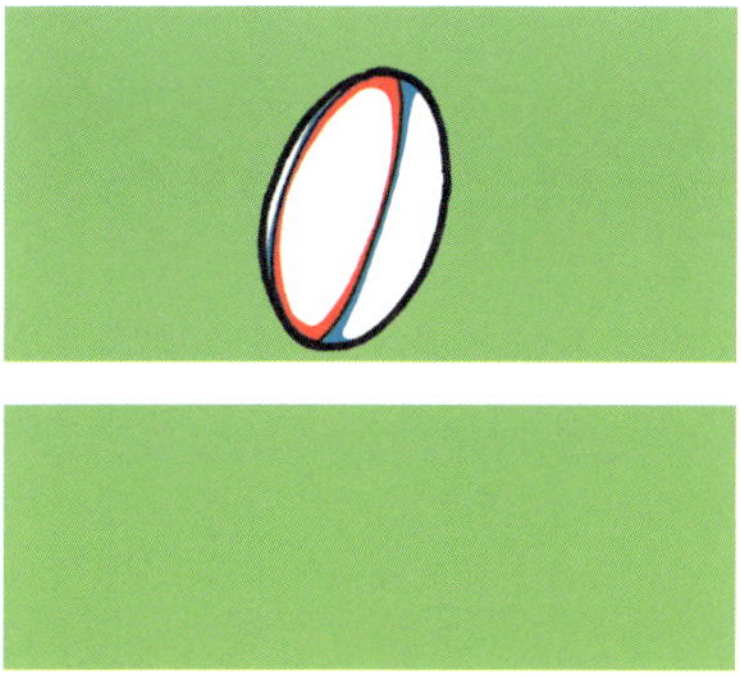

\ヒント/
hint

タッチラインなども、このケースと同《おな》じ原則《げんそく》がルールです。

04の答《こた》え ▼ すべてトライになる

なんで

ラインに触《ふ》れた瞬間《しゅんかん》 そこに到達《とうたつ》したとみなされる

ラグビーでは、どのラインでも触《ふ》れた瞬間《しゅんかん》に「そこに到達《とうたつ》した」とみなされます。ですからゴールラインにわずかでもボールが触《ふ》れる状態《じょうたい》でグラウンディングすれば、トライとなります。

なおこの原則《げんそく》はタッチラインなどほかのラインでも同《おな》じで、ボールを持《も》ってタッチラインに少《すこ》しでも触《ふ》れると、その時点《じてん》でタッチになります。そのため、コーナーに飛《と》び込《こ》んでトライする際《さい》、グラウンディングよりも先《さき》に足《あし》がタッチラインに触《ふ》れたりこえたりした場合《ばあい》は、タッチとなりトライは認《みと》められません。

▶ドロップアウト

自陣《じじん》22メートルライン上《じょう》、もしくは後方《こうほう》からドロップキックで試合《しあい》を再開《さいかい》する方法《ほうほう》

POINT

ラグビーに「オウンゴール」はない

相手陣《あいてじん》のインゴールにボールをグラウンディングすれば、トライになります。では自分《じぶん》たちの陣地《じんち》のインゴールでグラウンディングした場合《ばあい》は、どうなるでしょうか?

トライとなるのは、あくまで「相手陣《あいてじん》のインゴールでボールをグラウンディングしたとき」ですから、自陣《じじん》インゴールにボールを着《つ》けても、相手《あいて》のトライにはなりません。この場合《ばあい》は、「どちらのチームがインゴールにボールを持《も》ち込《こ》んだか」がポイントになります。キックを蹴《け》り込《こ》まれるなど、相手《あいて》によってインゴールに運《はこ》ばれたボールをグラウンディングした場合《ばあい》は、「ドロップアウト」での再開《さいかい》になります。またボールを持《も》ったまま押《お》し込《こ》まれるなど、自分《じぶん》たちで持《も》ち込《こ》んだボールをグラウンディングした場合《ばあい》は「キャリーバック」となり、5メートル地点《ちてん》での相手《あいて》ボールのスクラムでプレーが再開《さいかい》されます。

問題《もんだい》
初級《しょきゅう》
05

これは、ゴールキックをねらうときに使《つか》われる「□ポール」と呼《よ》ばれるものです。□に入《はい》るアルファベット一文字《ひともじ》は何《なん》でしょう。

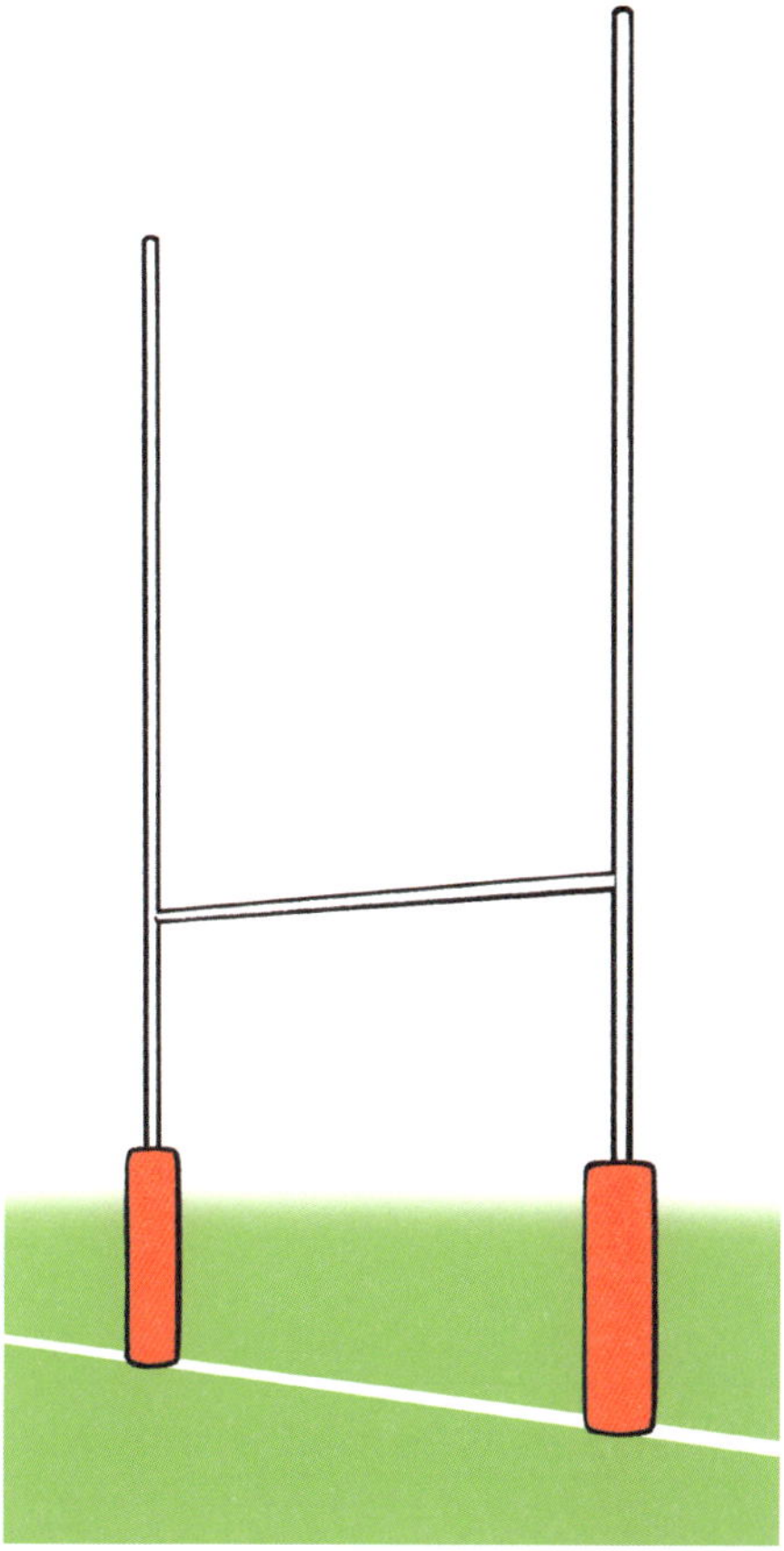

ヒント
hint
形《かたち》がアルファベットの文字《もじ》と似《に》ています。

答《こた》えがわかったらページをめくってね

05の答《こた》え

H《エイチ》（ポール）

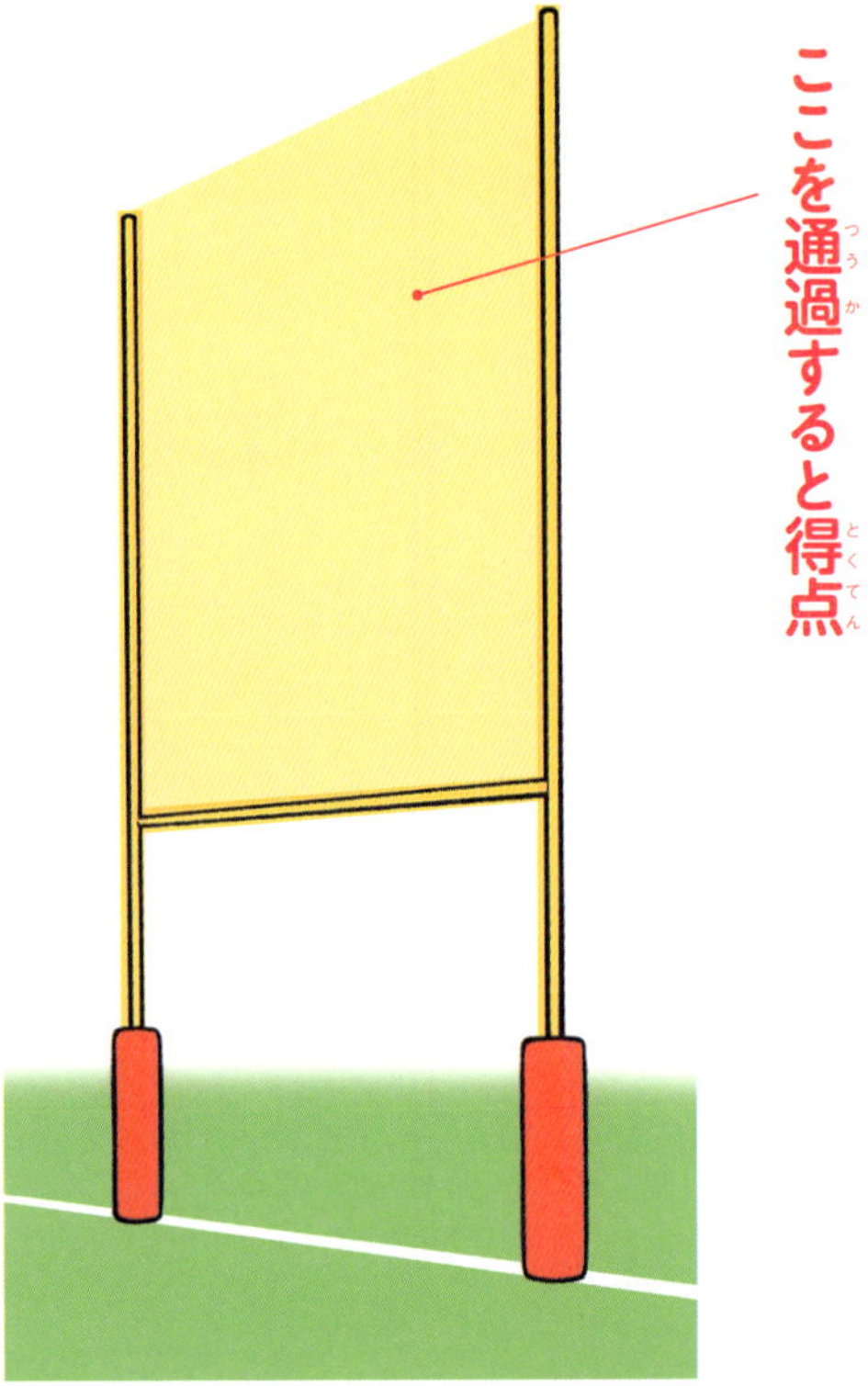

なんで

ポストの間《あいだ》かつバーより上《うえ》の空間《くうかん》を通過《つうか》するとゴール成功《せいこう》

アルファベットのH《エイチ》の文字《もじ》と形《かたち》が似《に》ていることからこう呼《よ》ばれる「H《エイチ》ポール」は、楕円《だえん》のボールと並《なら》んでラグビーのシンボルともいえるもので、ゴールキックをねらう際《さい》に使《つか》われます。5.6メートルの幅《はば》で立《た》てられた両《りょう》サイドのゴールポストと、その間《あいだ》の3メートルの高《たか》さに取《と》り付《つ》けられたクロスバーによって構成《こうせい》され、キックで蹴《け》ったボールがゴールポストの間《あいだ》かつクロスバーより上《うえ》の空間《くうかん》を通過《つうか》すると、ゴール成功《せいこう》で得点《とくてん》が加算《かさん》されます。

POINT

ポストやバーに当《あ》たっても空間《くうかん》を通《とお》ればOK

試合《しあい》を見《み》ていると、蹴《け》ったボールがポストやバーに当《あ》たることがときどきあります。この場合《ばあい》、当《あ》たったボールがそのままポストの間《あいだ》かつバーより上《うえ》の空間《くうかん》を通過《つうか》すれば、ゴール成功《せいこう》です。しかしボールがはね返《かえ》ったり横《よこ》にそれたりした場合《ばあい》は、失敗《しっぱい》となります。

問題《もんだい》 初級《しょきゅう》 06

ゴールキックの方法《ほうほう》には、次《つぎ》の3つがあります。それぞれの点数《てんすう》は？

1 トライ後《ご》のゴールキック□点《てん》

2 ペナルティゴール□点《てん》

3 ドロップゴール□点《てん》

\ヒント/ hint

トライは5点《てん》でしたね。

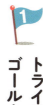

06の答《こた》え

1 ゴールキック(G)＝2点《てん》

2 ペナルティゴール(PG)＝3点《てん》

3 ドロップゴール(DG)＝3点《てん》

▲トライした地点《ちてん》からタッチラインと平行《へいこう》な延長線上《えんちょうせんじょう》で、地面《じめん》に置《お》いたボールを蹴《け》ってゴールをねらう

なんで

ゴールの種類《しゅるい》で得点《とくてん》が異《こと》なる

ゴールキックとペナルティゴールはいずれもプレーが止《と》まった状態《じょうたい》でねらうキックで、トライ後《ご》のゴールキックは2点《てん》、ペナルティキックを獲得《かくとく》した際《さい》にねらうペナルティゴールは3点《てん》になります。プレー継続中《けいぞくちゅう》に地面《じめん》にバウンドさせたボールを蹴《け》ってねらうドロップゴールは、相手《あいて》のプレッシャーを受《う》けるなかで蹴《け》らなければならないため、ほかのゴールキックよりも難易度《なんいど》が高《たか》いキックといえます。

POINT

ボールのやや下《した》を蹴《け》る

ゴールキック、ペナルティキックのときは、ボールの横《よこ》に踏《ふ》み込《こ》んだ足《あし》のつま先《さき》を蹴《け》りたい方向《ほうこう》に向《む》け、もう一方《いっぽう》の足《あし》の甲《こう》（スパイクのヒモ部分《ぶぶん》）でボールのやや下《した》を蹴《け》るようにする。蹴《け》ったあとも足《あし》は進行《しんこう》方向《ほうこう》に振《ふ》り抜《ぬ》く。

ペナルティゴール

▲ペナルティを獲得《かくとく》した地点《ちてん》からタッチラインと平行《へいこう》な延長線上《えんちょうせんじょう》で地面《じめん》に置《お》いたボールを蹴《け》ってゴールをねらう

これ知《し》ってる？

キックティーにはいろいろな種類《しゅるい》がある

ゴールキック、ペナルティキックのときにはボールを固定《こてい》するためにキックティーを使用《しよう》します。以前《いぜん》は土《つち》を盛《も》ってボールを支《ささ》えていましたが、現在《げんざい》はキックティーが主流《しゅりゅう》。このキックティーは台座《だいざ》が広《ひろ》いものや細《ほそ》いもの、高《たか》さのあるものなど、いろいろな種類《しゅるい》があります。自分《じぶん》に合《あ》ったものを使用《しよう》しましょう。

PO!NT

トライの少《すく》ないチームが勝《か》つこともある

ラグビーには得点方法《とくてんほうほう》が４つもあり、種類《しゅるい》によって点数《てんすう》が違《ちが》います。これは競技《きょうぎ》の醍醐味《だいごみ》のひとつでもあり、トライの少《すく》ないほうのチームが、ゴールキックやペナルティゴールを数多《かずおお》く重《かさ》ねて勝利《しょうり》することもしばしばあります。

また接戦《せっせん》になればなるほどトライを取《と》るのがむずかしくなり、そうした試合《しあい》ではゴールキックやペナルティゴールの重要性《じゅうようせい》が高《たか》くなります。

ドロップゴール

▲プレー中《ちゅう》にいったん地面《じめん》にバウンドさせたボールを蹴《け》ってゴールをねらう

POINT

ボールがブレないようにバウンドさせる

ドロップキックは一度《いちど》地面《じめん》にバウンドさせてから蹴《け》るため、ボールがブレないように、ボールの頂点《ちょうてん》（両端《りょうはし》のとがっている部《ぶ》分《ぶん》）が地面《じめん》に着《つ》くようにバウンドさせるのがポイント。ボールから目《め》をはなさずにまっすぐ振《ふ》り抜《ぬ》きます。

問題《もんだい》 07

初級《しょきゅう》

ボールを持《も》って何《なん》歩《ぼ》まで動《うご》ける？

1 2歩《ほ》

2 3歩《ぼ》

3 5歩《ほ》

4 何《なん》歩《ぼ》でもOK

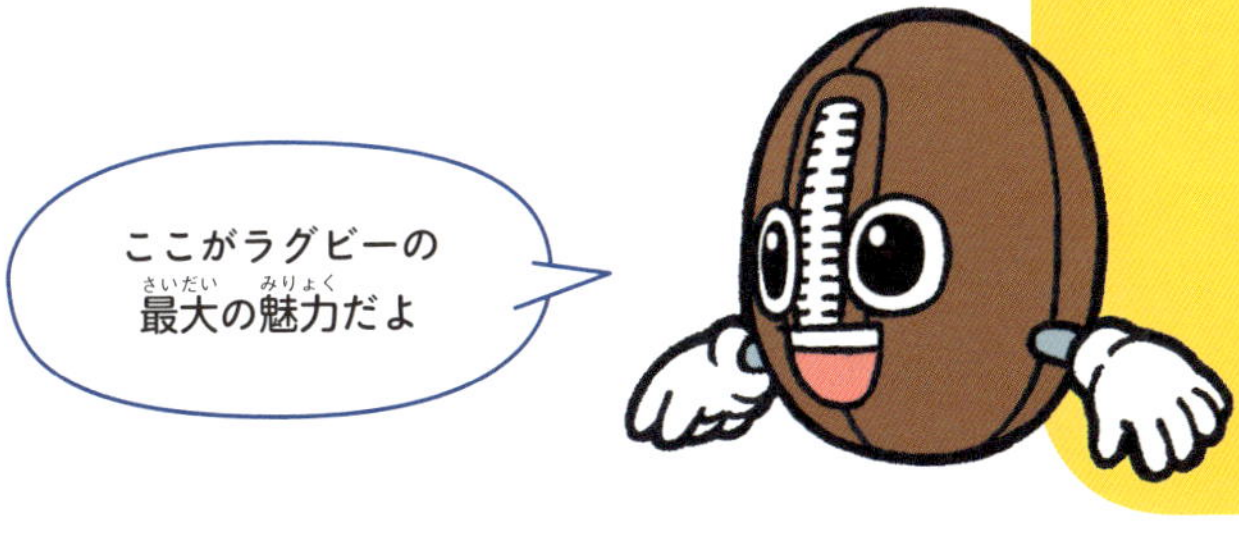
ここがラグビーの
最大《さいだい》の魅力《みりょく》だよ

07の答《こた》え

4 何歩《なんぽ》でもOK

なんで

自由《じゆう》に走《はし》れるのがラグビーの最大《さいだい》の魅力《みりょく》

ラグビーは、バスケットボールやハンドボールのような歩数制限《ほすうせいげん》がありません。また、サッカーのように手《て》でボールを扱《あつか》ってはいけないというルールもなく、ボールを持《も》って自由《じゆう》に、何歩《なんぽ》でも走《はし》ることができます。これこそがラグビーの最大《さいだい》の魅力《みりょく》です。

POINT

自分《じぶん》の強《つよ》みを磨《みが》いて上手《じょうず》になろう

歩数制限《ほすうせいげん》のある競技《きょうぎ》はそれだけでプレーヤーが大《おお》きな制約《せいやく》を受《う》けますが、歩数制限《ほすうせいげん》のないラグビーでは、その人《ひと》の能力《のうりょく》を存分《ぞんぶん》に発揮《はっき》することができます。

足《あし》の速《はや》さはもちろん、ステップや当《あ》たりの強《つよ》さ、パスワークなど、自分《じぶん》なりの強《つよ》みを磨《みが》くことでどんどん上手《じょうず》になれるスポーツなのです。

問題《もんだい》 08
初級《しょきゅう》

ボールを持《も》ったときに禁止《きんし》されているプレーは？

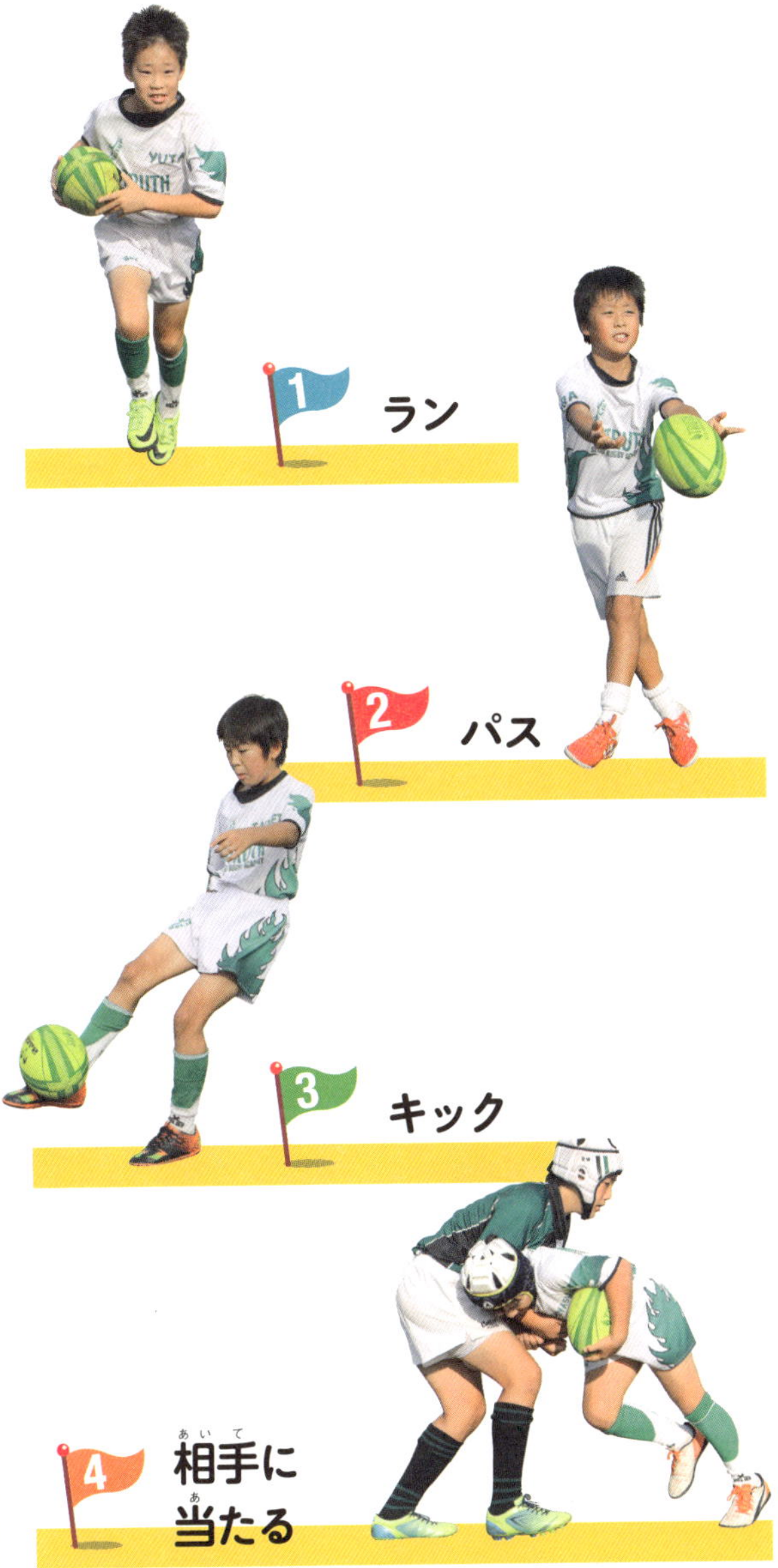

1 ラン
2 パス
3 キック
4 相手《あいて》に当《あ》たる

ヒント
hint

ラグビーはよく「自由《じゆう》なスポーツ」といわれます。そしてこの点《てん》が、ラグビーの醍醐味《だいごみ》でもあります。

08の答《こた》え ▼ すべてOK

なんで

プレーの選択《せんたく》は自由《じゆう》

ラグビーでボールを持《も》ったプレーヤーには、大《おお》きく分《わ》けて①ラン、②パス、③キック、④相手《あいて》に当《あ》たる、という4つの選択肢《せんたくし》があります。敵味方《てきみかた》の状況《じょうきょう》を見《み》て、自分《じぶん》で持《も》って走《はし》ったり、仲間《なかま》へパスをしたり、空《あ》いているスペースへキックを蹴《け》り込《こ》んだり、相手《あいて》に当《あ》たったり——といったことを素早《すばや》く判断《はんだん》し、実行《じっこう》してプレーを継続《けいぞく》していきます。

これ知《し》ってる?

ボール保持者《ほじしゃ》にしかタックルはできない

ラグビーには、『守備側《しゅびがわ》のプレーヤーは、ボールを持《も》つプレーヤーにしかタックルできない』というルールがあります。そのため、ボールを持《も》つプレーヤーはタックルしようとする相手《あいて》ディフェンダーから強《つよ》いプレッシャーを受《う》けます。そのなかで素早《すばや》く、的確《てきかく》に判断《はんだん》できるようになることが、上達《じょうたつ》の秘訣《ひけつ》です。強《つよ》いプレッシャーをかいくぐってプレーが成功《せいこう》したときは、とても爽《そう》快《かい》な気《き》持《も》ちになります。

問題《もんだい》 09

初級《しょきゅう》

ボールを持《も》ったらどこに向《む》かって走《はし》る?

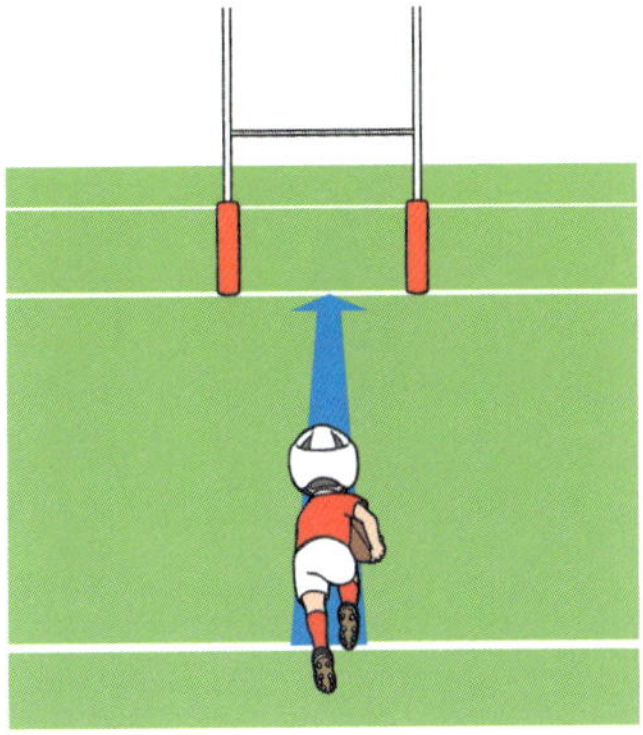

1

相手《あいて》のゴールラインに向《む》かってまっすぐ走《はし》る

2

コーナーフラッグを目指《めざ》してななめに走《はし》る

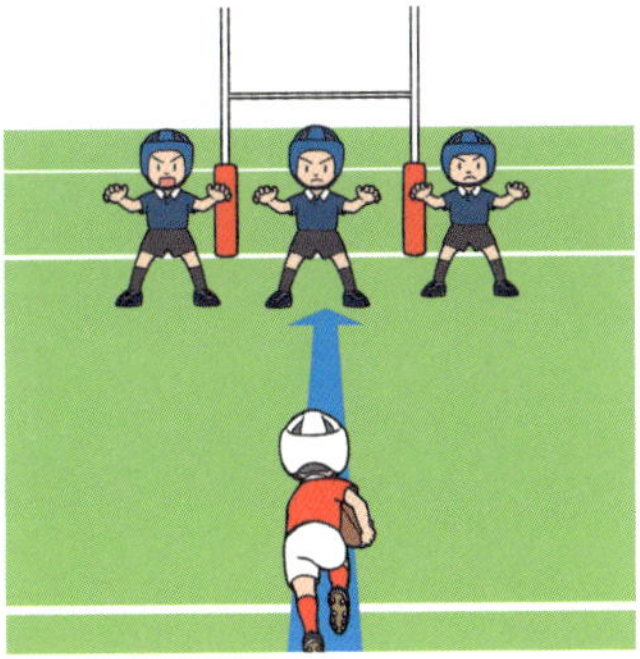

3

相手《あいて》がいるところに突《つ》っ込《こ》む

ヒント

hint

ラグビーは相手《あいて》の陣地《じんち》にボールを前進《ぜんしん》させるスポーツです。どうすれば最短《さいたん》きょりで進《すす》めるかを考《かんが》えてみましょう。

答《こた》えがわかったらページをめくってね

09の答《こた》え

▼

1

相手《あいて》のゴールラインに向《む》かってまっすぐ走《はし》る

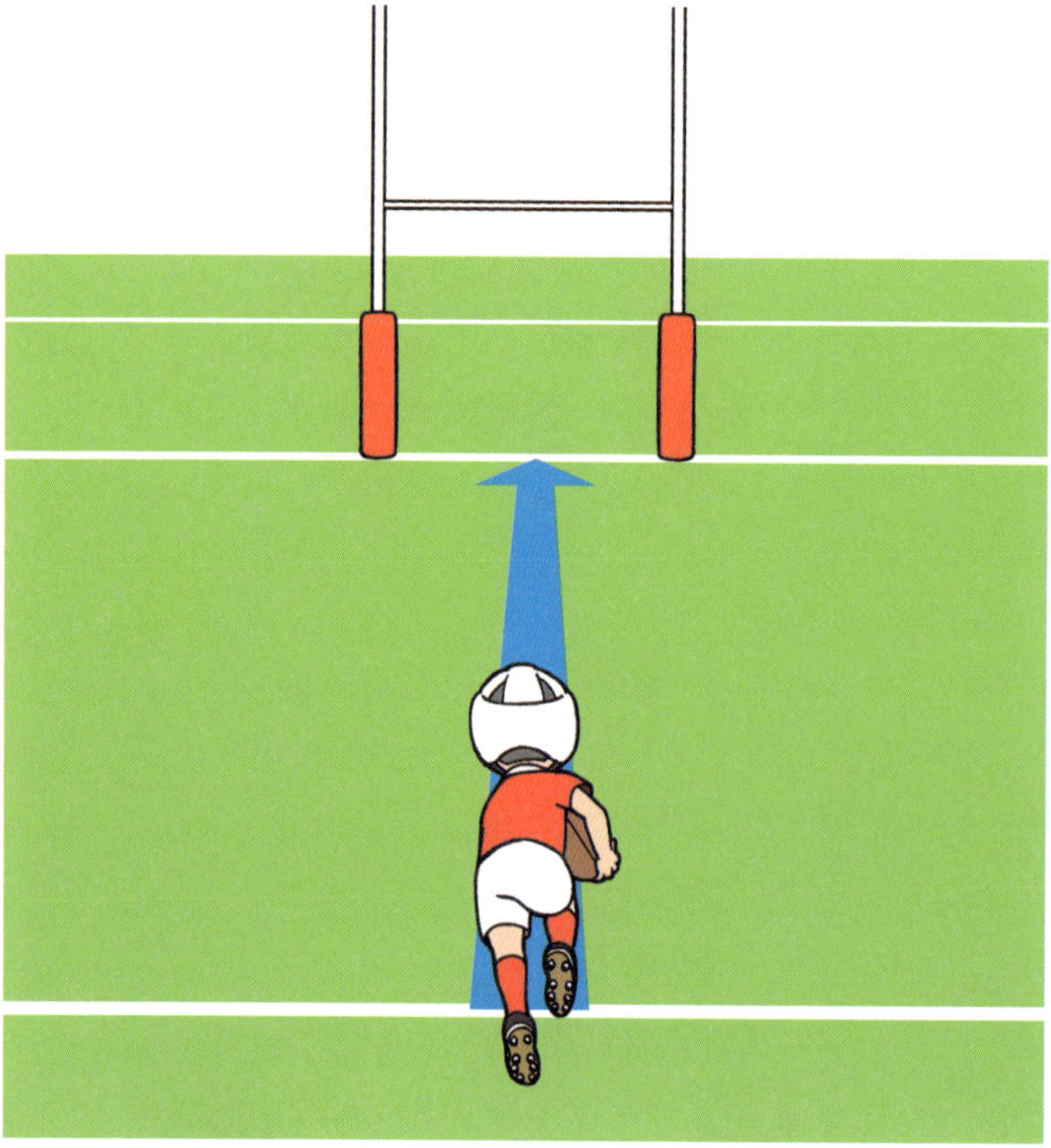

なんで

トライへの一番《いちばん》の近道《ちかみち》だから

　陣地《じんち》を進《すす》めるうえでもっともシンプルかつ有効《ゆうこう》な方法《ほうほう》は、まっすぐ走《はし》ることです。ななめに走《はし》るとゴールラインまでのきょりが長《なが》くなりますし、味方《みかた》の選手《せんしゅ》が走《はし》るスペースを消《け》してしまいます。また、タッチラインに押《お》し出《だ》されてしまうこともあります。ストレートラン＝まっすぐ走《はし》ることが、トライへの一番《いちばん》の近道《ちかみち》ということを、つねに頭《あたま》に入《い》れてプレーしましょう。

POINT

まっすぐ走《はし》るといいことがたくさんある

ボールを持《も》った選手《せんしゅ》がまっすぐ走《はし》ることが、もっとも短《みじか》いきょりでゴールラインに到達《とうたつ》するための一番《いちばん》の方法《ほうほう》です。またまっすぐ走《はし》れば外《そと》のスペースがそのまま残《のこ》るため、サポートする味方《みかた》の選手《せんしゅ》がそこに走《はし》り込《こ》むこともできます（図《ず》1）。

一方《いっぽう》、ボールを持《も》った選手《せんしゅ》がななめに走《はし》ると、味方《みかた》の選手《せんしゅ》が走《はし》り込《こ》むスペースが消《け》えてしまいます（図《ず》2）。また、まっすぐ走《はし》る場合《ばあい》よりもゴールラインまでのきょりが長《なが》くなるため、そのぶん相手《あいて》につかまる確率《かくりつ》が高《たか》くなります。このように、まっすぐ走《はし》ることでいいことがたくさん生《う》まれるのです。

図《ず》1

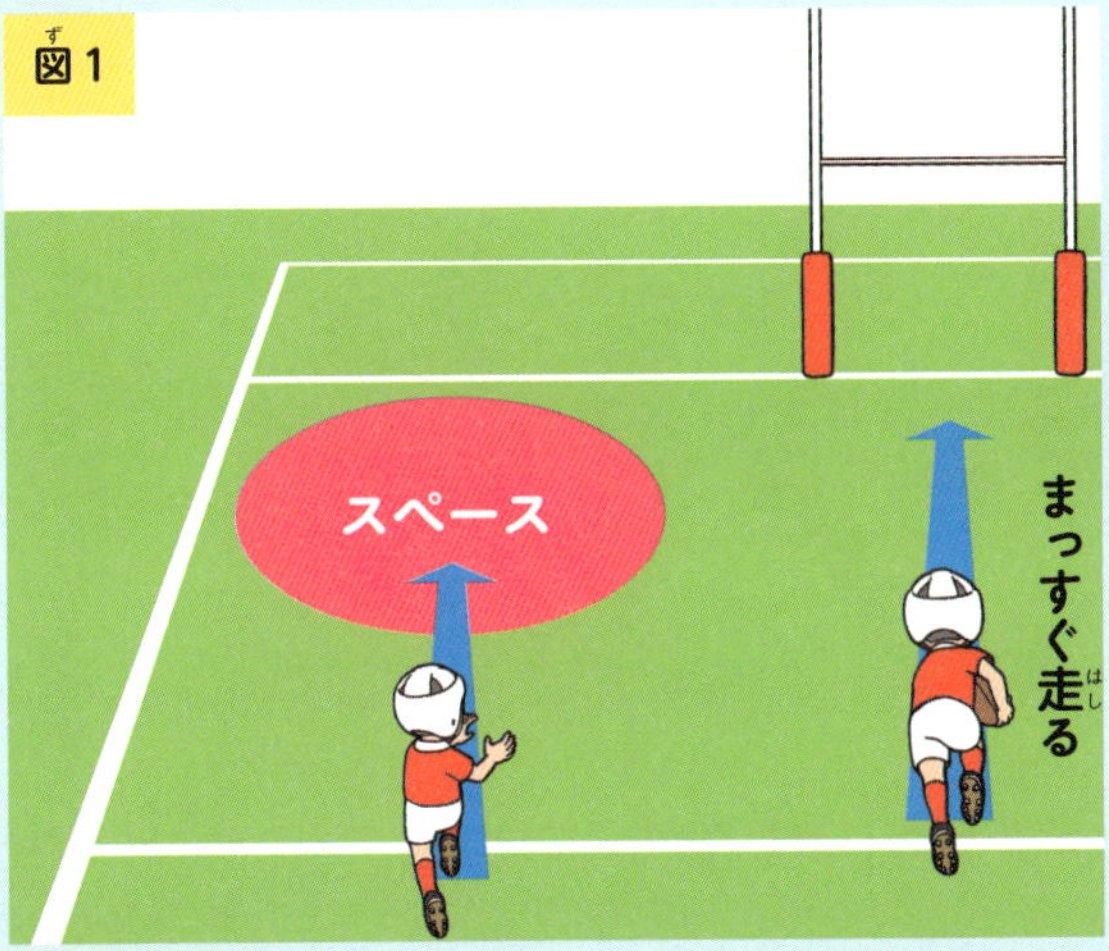

図《ず》2

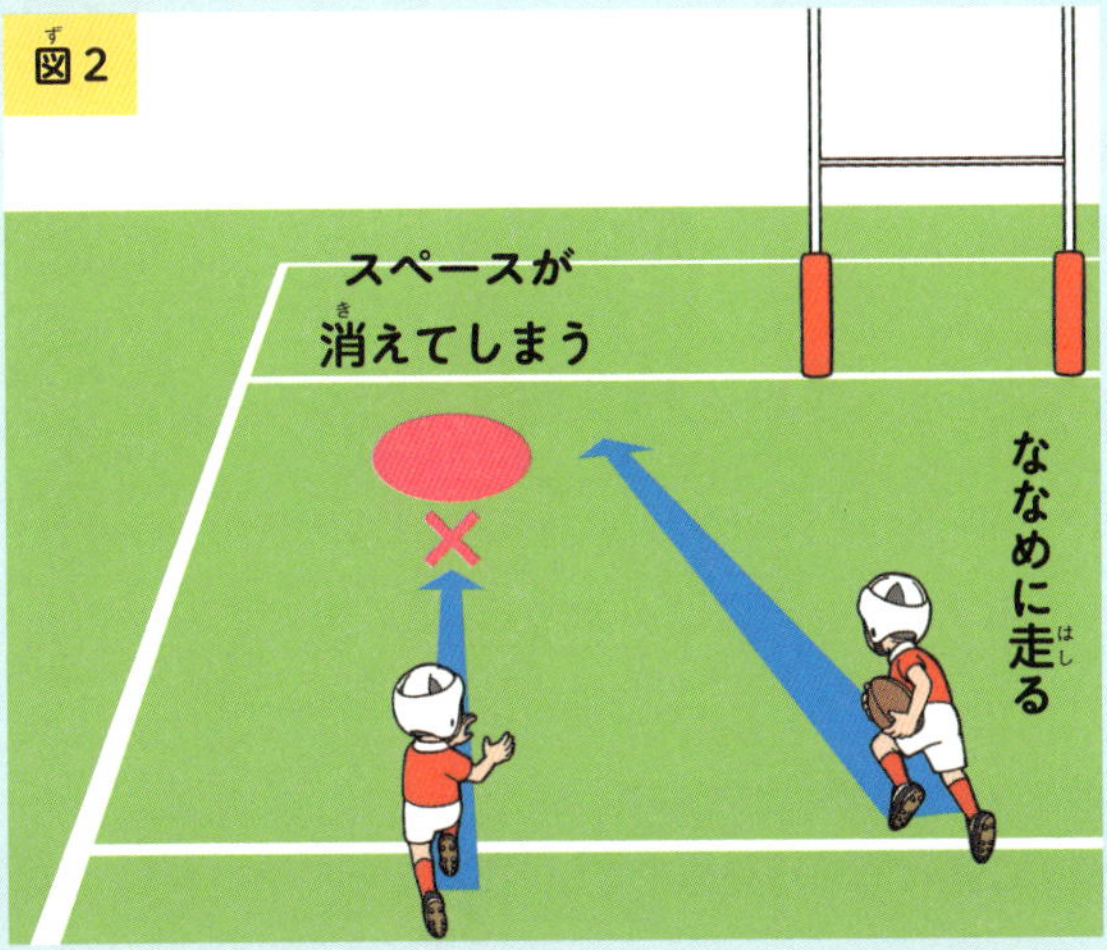

問題《もんだい》 10

中級《ちゅうきゅう》

ボールを持《も》ったあなたの正面《しょうめん》に相手《あいて》ディフェンダーがいます。どのプレーを選択《せんたく》しますか？（10点満点《てんまんてん》で採点《さいてん》）

1 真正面《ましょうめん》からぶち当《あ》たる

2 ステップを切《き》って抜《ぬ》く

＼ヒント／
hint

攻防《こうぼう》のきほんとなる1対《たい》1の状況《じょうきょう》では、
相手《あいて》にさわられずに抜《ぬ》けるのが理想《りそう》ですが…。

3 裏《うら》にキックを蹴《け》って追《お》いかける

4 ずらしながら当《あ》たって前《まえ》に出《で》る

5 フリーの味方《みかた》にパスする

答《こた》えがわかったらページをめくってね

10の答《こた》え

1 2点《てん》

2 8点《てん》

3 4点《てん》

4 6点《てん》

5 9点《てん》

なんで

効率的《こうりつてき》な前進方法《ぜんしんほうほう》を選択《せんたく》するのがよい

ラグビーは相手《あいて》に体当《たいあ》たりしてもいい競技《きょうぎ》ですが、当《あ》たれば当然前《とうぜんまえ》に進《すす》むスピードは落《お》ちますし、衝撃《しょうげき》でボールを落《お》とす危険性《きけんせい》もあります。もし近《ちか》くにフリーの味方《みかた》プレーヤーがサポートしている「2対《たい》1」の状況《じょうきょう》なら、パスをつなぐのがもっとも効率的《こうりつてき》な前進方法《ぜんしんほうほう》になります。体《からだ》が大《おお》きくパワーのある人《ひと》なら、抜《ぬ》こうとするより当《あ》たったほうが前進《ぜんしん》しやすいかもしれませんが、その場合《ばあい》も真正面《ましょうめん》からガツンと当《あ》たるのではなく、フットワークを使《つか》ってできるだけ相手《あいて》をずらして当《あ》たったほうがいいでしょう。相手《あいて》の裏《うら》にキックを蹴《け》って追《お》いかけるのも時《とき》には有効《ゆうこう》ですが、不規則《ふきそく》に転《ころ》がるボールをキャッチするのは簡単《かんたん》ではありません。相手《あいて》にボールを取《と》られる可能性《かのうせい》をふまえたうえで、選択《せんたく》するべきです。

POINT

ラグビーに0点《てん》のプレーはない

ひとついえるのは、ラグビーではどんなプレーでも0点《てん》ということはありません。どんな判断《はんだん》をしても自由《じゆう》ですし、それでうまくいったなら、それが正解《せいかい》です。状況《じょうきょう》に応《おう》じて成功《せいこう》する可能性《かのうせい》の高《たか》いプレーを選択《せんたく》できるようになるのが、いいプレーヤーになるための秘訣《ひけつ》といえます。

問題《もんだい》 11

初級《しょきゅう》

ボールを持《も》った相手《あいて》が突進《とっしん》してきました。あなたはどうする？

1 逃《に》げる

2 タックルする

3 体《からだ》を丸《まる》めて体当《たいあ》たりする

4 つかまえて振《ふ》り回《まわ》す

5 仲間《なかま》を呼《よ》んでくる

答《こた》えがわかったらページをめくってね

11の答《こた》え ▶ 2 タックルする

なんで

タックルは ラグビーの醍醐味《だいごみ》

ラグビーの醍醐味《だいごみ》のひとつは、「ボールを持《も》っている相手《あいて》プレーヤーにタックルできる」という点《てん》です。スポーツで相手《あいて》を倒《たお》すことが許《ゆる》されているのは、レスリングや相撲《すもう》、柔道《じゅうどう》などほとんどが格闘技《かくとうぎ》です。ラグビーは、球技《きゅうぎ》なのにタックルをしていい珍《めずら》しいスポーツといえます。

▶バインド

コンタクトプレーの際《さい》、ほかのプレーヤーをしっかりと腕全体《うでぜんたい》を使《つか》ってつかまえて密着《みっちゃく》すること

POINT

勇気《ゆうき》を持《も》ってタックルをする

全力《ぜんりょく》で走《はし》ってくる相手《あいて》に体《からだ》を当《あ》てて倒《たお》すのは、とても勇気《ゆうき》がいるものです。きちんとした技術《ぎじゅつ》と体力《たいりょく》がなければいいタックルはできませんし、「チームのために絶対《ぜったい》に自分《じぶん》が止《と》めるんだ」という責任感《せきにんかん》も大切《たいせつ》になります。それほどはげしいプレーだからこそ、強《つよ》い相手《あいて》をタックルで倒《たお》したときの充実感《じゅうじつかん》は最高《さいこう》です。

絶対《ぜったい》にやってはならないのは、危険《きけん》なタックルです。相手《あいて》の足元《あしもと》にスライディングしたり、バインド（相手《あいて》の体《からだ》に腕《うで》を回《まわ》してつかまえる）をせず体当《たいあ》たりしたり、ジャージーをつかんで振《ふ》り回《まわ》したり、相手《あいて》の胸《むね》から上《うえ》の部分《ぶぶん》にタックルしたりするのは、すべてペナルティになります。自分《じぶん》も相手《あいて》もケガをする危険性《きけんせい》が高《たか》まりますから、そうしたプレーは絶対《ぜったい》にしないように心《こころ》がけましょう。

問題《もんだい》12

初級《しょきゅう》

このイラストのプレーの名前《なまえ》は？カタカナ4文字《もじ》で答《こた》えましょう。

みんなで力《ちから》を合《あ》わせるプレーだよ

ヒント
hint

仲間《なかま》と力《ちから》を合《あ》わせて物事《ものごと》に取《と》り組《く》むことを、「○○○○を組《く》む」と表現《ひょうげん》することがあります。

答《こた》えがわかったらページをめくってね

12の答《こた》え ▶ スクラム

▲ＦＷ同士《どうし》が組《く》み合《あ》って、投入《とうにゅう》されたボールを足《あし》でかきだして取《と》り合《あ》うプレー。エラーでプレーが止《と》まったあと、再開《さいかい》するときに行《おこな》われる

これ知《し》ってる？

年代《ねんだい》によって人数《にんずう》は異《こと》なる

スクラムを組《く》む人数《にんずう》は年代《ねんだい》によっても異《こと》なり、小学校《しょうがっこう》１、２年生《ねんせい》は１チーム１人《ひとり》、３年生《ねんせい》から６年生《ねんせい》は３人《にん》、中学生《ちゅうがくせい》は５人《にん》で、一般的《いっぱんてき》に知《し》られている８人《にん》で組《く》むスクラムが行《おこな》われるのは、高校生以上《こうこうせいいじょう》になります。また高校生《こうこうせい》は安全上《あんぜんじょう》の理由《りゆう》から、スクラムは最大《さいだい》で1.5メートルまでしか押《お》せないというルールがあります。

POINT

ラグビーを象徴《しょうちょう》するプレーのひとつ

スクラムは、トライやタックルとともに、ラグビーを象徴《しょうちょう》するプレーです。ノックオン（ボールを前《まえ》に落《お》とす）やスローフォワード（ボールを前《まえ》に投《な》げる）などのエラー(軽《かる》い反則《はんそく》）が起《お》こると、エラーをしなかったチームの投入《とうにゅう》するスクラムから、次《つぎ》のプレーが開始《かいし》されます。

問題《もんだい》

13

初級《しょきゅう》

これは、「ラインアウト」と呼《よ》ばれるプレーの写真《しゃしん》です。このプレーが行《おこな》われるのは、どんなときでしょうか。

ヒント

hint

プレーが途切《とぎ》れたあと、ふたたび再開《さいかい》するときに行《おこな》われるプレーです。

13の答《こた》え

▼

ボールがタッチラインをこえたとき

▲ラインアウトでボールの投入《とうにゅう》を待《ま》つ選手《せんしゅ》たち

ボールがタッチラインを出《で》たときはラインアウトでプレーを再開《さいかい》する

ボールを持《も》った選手《せんしゅ》がタッチラインをこえたり、キックでタッチラインの外《そと》に蹴《け》り出《だ》したりすると、プレーがいったん途切《とぎ》れます。そこからプレーを再開《さいかい》するときは、両《りょう》チームの選手《せんしゅ》がゴールラインと平行《へいこう》に横一列《よこいちれつ》に並《なら》び、その間《あいだ》に攻撃側《こうげきがわ》のチームのスローワー（ボールを投入《とうにゅう》する人《ひと》）がボールを投《な》げ入《い》れる、空中《くうちゅう》でのボール争奪戦《そうだつせん》「ラインアウト」が行《おこな》われます。

なお、ラインアウトにボールを投入《とうにゅう》する際《さい》は、並《なら》んでいる両《りょう》チームの選《せん》手《しゅ》の間《あいだ》にまっすぐ投《な》げなければならず、ボールがどちらかの側《がわ》へ曲《ま》がると「ノットストレート」という反則《はんそく》になります。また相手《あいて》の投《な》げ入《い》れたボールを反対側《はんたいがわ》のチームがキャッチして奪《うば》うこともできます。

これ知《し》ってる？

ラインアウトに並《なら》ぶ人数《にんずう》は攻撃側《こうげきがわ》が決《き》められる

スクラムとは異《こと》なり、ラインアウトでは並《なら》ぶ人数《にんずう》をボール投入側《とうにゅうがわ》が決《き》めることができます（2名以上《めいいじょう》）。相手《あいて》チームの並《なら》ぶ人《にん》数《ずう》は、投入側《とうにゅうがわ》の並《なら》んでいる人数《にんずう》より少《すく》なくてもいいですが、多《おお》く並《なら》ぶと反則《はんそく》になります。またラインアウトに並《なら》ぶプレーヤー以《い》外《がい》の選手《せんしゅ》は、ラインアウトが行《おこな》われる位置《いち》を起点《きてん》にしたゴールラインと平行《へいこう》な仮想《かそう》のライン（ラインオブタッチ）から定《さだ》められたきょり（中学生以上《ちゅうがくせいいじょう》の場合《ばあい》は10メートル）下《さ》がらなければなりません。

問題《もんだい》 14

初級《しょきゅう》

攻撃《こうげき》するためにはどうすればいいの？

1 5回《かい》タックルする

2 5分《ふん》ごとに攻撃権《こうげきけん》がかわる

3 ボールを奪《うば》う

ヒント hint

ラグビーでは、プレー中《ちゅう》ひんぱんに攻撃《こうげき》側《がわ》と守備側《しゅびがわ》が入《い》れかわります。

14の答《こた》え

3

ボールを奪《うば》う

▶モール

ボールを持《も》ったプレーヤーを中心《ちゅうしん》に、攻《こう》撃《げき》側《がわ》2人《ふたり》、防御《ぼうぎょ》側《がわ》1《ひと》人《り》以上《いじょう》が立《た》った状態《じょうたい》で組《く》み合《あ》うプレー

▶ラック

地面《じめん》にあるボールの上《うえ》で両《りょう》チーム1人《ひとり》以《い》上《じょう》が立《た》った状態《じょうたい》で組《く》み合《あ》って奪《うば》い合《あ》うプレー

なんで

ボールの獲得《かくとく》が攻撃《こうげき》の条件《じょうけん》

　ラグビーでは、ボールを持《も》っている側《がわ》だけが攻撃《こうげき》することができます。バレーボールやバドミントンのようにサーブ権《けん》があるわけでもなく、野《や》球《きゅう》のように3アウトで攻撃《こうげき》と守備《しゅび》が入《い》れかわるわけでもありません。「ボールの取《と》り合《あ》い」に勝《か》たなければ攻撃《こうげき》できないのがラグビーであり、まずはボールを獲得《かくとく》することが、攻撃《こうげき》するための条件《じょうけん》となります。

これ知《し》ってる？

ターンオーバーは攻撃《こうげき》の大《だい》チャンス

　ラグビーでは、スクラムやラインアウトなど、プレーが始《はじ》まる場面《ばめん》を「セットプレー」と呼《よ》びます。セットプレーはボールを投入《とうにゅう》する側《がわ》が有利《ゆうり》ですが、ルール上《じょう》必《かなら》ず相手《あいて》との間《あいだ》にまっすぐボールを投入《とうにゅう》しなければなりませんし、相手《あいて》がそれを取《と》ることもできます。またボールを持《も》った選手《せんしゅ》が相《あい》手《て》につかまると、「ラック」や「モール」という密集戦《みっしゅうせん》になり、ここでもボールを奪《うば》い合《あ》うことができます。ラグビーでは相手《あいて》ボールを奪《うば》うことを、「ターンオーバー」といいます。ターンオーバーが起《お》こった直《ちょく》後《ご》は相手《あいて》の守備陣形《しゅびじんけい》が整《ととの》っていないため、攻撃《こうげき》の大《だい》チャンスになります。

　ボールの奪《うば》い合《あ》いをしながら、トライを取《と》るためにプレーを継続《けいぞく》することが、ラグビーという競技《きょうぎ》です。いかにボールを奪《うば》うか、そして奪《うば》ったボールをトライまでつなげていくかということを、つねに考《かんが》えながらプレーするようにしましょう。

第《だい》2章《しょう》

正《ただ》しくプレーすれば、ラグビーは危《あぶ》なくない

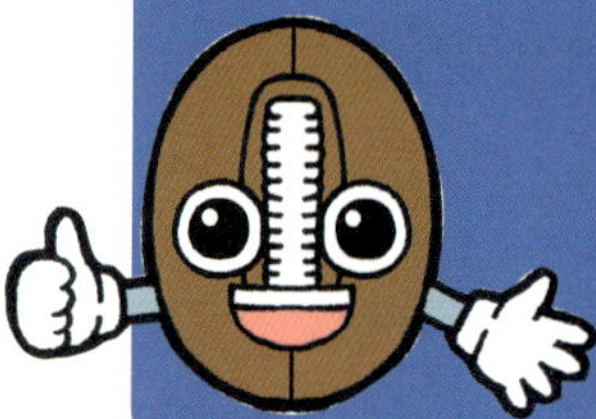

立《た》って プレーすることが ケガを防《ふせ》ぐ

正《ただ》しいプレーを身《み》につけよう

ラグビーはケガの多《おお》いスポーツです。ただ不思議《ふしぎ》なもので、体《からだ》が大《おお》きいからケガをしないかといえばそうではありませんし、体《からだ》が小《ちい》さければケガをしやすいわけでもありません。コンタクトプレーが少《すく》ないのにすぐケガをする選手《せんしゅ》もいれば、よくタックルをするのにケガをしない選手《せんしゅ》もいます。

そもそもスポーツは、どんな競技《きょうぎ》であっても必《かなら》ずケガの危険性《きけんせい》をともないます。確《たし》かにラグビーは比較的《ひかくてき》ケガの多《おお》いスポーツですが、正《ただ》しいプレーを身《み》につけることで、大半《たいはん》のケガは防《ふせ》ぐことができます。

〝正《ただ》しいプレー〟という点《てん》で私《わたし》が必《かなら》ず指導《しどう》するのは、『簡単《かんたん》に倒《たお》れない』ということ。ケガが起《お》こるのは、変《へん》な倒《たお》れかたをしたときや、倒《たお》れたあとに下敷《したじ》きになるケースです。立《た》っていれば上《うえ》に乗《の》られることもありません。倒《たお》れたらすぐに立《た》ち上《あ》がることも大切《たいせつ》です。いち早《はや》く立《た》ち上《あ》がれば、上《うえ》に乗《の》られる危険性《きけんせい》はなくなり、次《つぎ》のプレーにすぐ参加《さんか》できる利点《りてん》もあります。

最近《さいきん》の子《こ》どもは、相撲《すもう》など相手《あいて》と倒《たお》し合《あ》う遊《あそ》びをしなくなりました。そのため、転《ころ》びかたを知《し》らずに成長《せいちょう》して、後々大《のちのちおお》ケガをしてしまう人《ひと》が増《ふ》えているそうです。ラグビーでは痛《いた》い思《おも》いをすることもありますが、そうした経験《けいけん》を通《とお》して身《み》のこなしを養《やしな》っておくことは、将来的《しょうらいてき》にケガを防《ふせ》ぐことにもつながります。

また、頭部《とうぶ》のケガは重傷《じゅうしょう》事故《じこ》につながるので、頭《あたま》を打《う》たないようなプレーのしかた、身《み》のこなしや転《ころ》びかたを練習《れんしゅう》することも大切《たいせつ》です。ラグビーでは胸《むね》より上《うえ》の部位《ぶい》にぶつかったり、空中《くうちゅう》にいる相手《あいて》に当《あ》たったりすることは厳《きび》しく禁《きん》じられています。そうしたプレーは絶対《ぜったい》にしないよう、普段《ふだん》から心《こころ》がけましょう。

問題《もんだい》

初級《しょきゅう》

15

ケガをしないために一番大切《いちばんたいせつ》なことは？

1 相手《あいて》に当《あ》たらないよう逃《に》げる

2 できるだけボールを持《も》たない

3 自分《じぶん》の世界《せかい》に入《はい》り込《こ》む

4 人《ひと》の話《はなし》をよく聞《き》く

ヒント
hint

どういうときにケガが起《お》こるのか、その原因《げんいん》が何《なん》なのかを、よく考《かんが》えてみましょう。

答《こた》えがわかったらページをめくってね

15の答《こた》え ▶ 4 人《ひと》の話《はなし》をよく聞《き》く

なんで

正《ただ》しいプレーや危険《きけん》なプレーを知《し》る

　ラグビーでケガをしないためには、まず「これは危《あぶ》ないプレーなんだ」ということを知《し》らなければなりません。そのためには、指導者《しどうしゃ》の先生《せんせい》の話《はなし》をよく聞《き》くことが大切《たいせつ》になります。先生《せんせい》の話《はなし》を聞《き》かず自分《じぶん》の好《す》きなようにやっていると、何《なに》が正《ただ》しいプレーで、何《なに》が危険《きけん》なプレーなのかもわかりません。また、人《ひと》がしゃべることをしっかりと聞《き》けるようになると、プレー中《ちゅう》に相手《あいて》の伝《つた》えたいことがわかるようになるので、ラグビーの上達《じょうたつ》にもつながります。

問題《もんだい》

初級《しょきゅう》

16

タックルする際《さい》、絶対《ぜったい》にしてはならない危険《きけん》なプレーは？（答《こた》えは2つ）

hint

ヒント

大《おお》きなケガにつながりやすいのはどういう状況《じょうきょう》でしょうか？

1 腰《こし》にタックルする

2 首《くび》にタックルする

3 当《あ》たったあと、押《お》し込《こ》んで仰向《あおむ》けに倒《たお》す

4 当《あ》たったあと、相手《あいて》を持《も》ちあげて倒《たお》す

答《こた》えがわかったらページをめくってね

16の答《こた》え ▶ 2 首《くび》にタックルする

4 当《あ》たったあと、相手《あいて》を持《も》ちあげて倒《たお》す

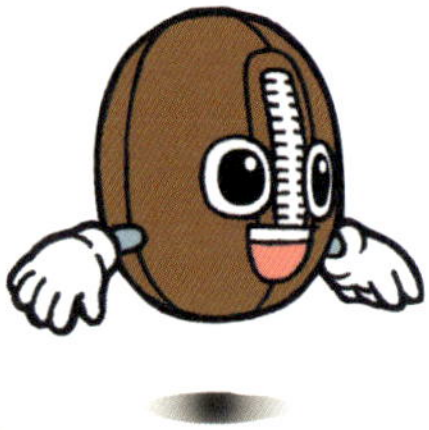

▶ノーバインドタックル

相手《あいて》をつかまえず、肩《かた》だけでぶつかるタックル

なんで

大《おお》ケガにつながる危険《きけん》なプレーだから

攻撃《こうげき》、守備《しゅび》を問《と》わず、胸《むね》から上《うえ》に当《あ》たるプレーはとても危険《きけん》です。大《おお》ケガにつながる危険性《きけんせい》が高《たか》いので、絶対《ぜったい》にしないようにしましょう。スライディングタックルやノーバインドタックル、つかまえて振《ふ》り回《まわ》す、空中《くうちゅう》の選手《せんしゅ》に体当《たいあ》たりする、寝《ね》ているプレーヤーを踏《ふ》みつける、といったプレーも、相手《あいて》を傷《きず》つける行為《こうい》なので決《けっ》してやってはなりません。ラグビーのようなはげしいスポーツが成《な》り立《た》つためには、自分《じぶん》がケガをしないだけでなく、「相手《あいて》をケガさせない」という意《い》識《しき》も大事《だいじ》になります。お互《たが》いフェアに戦《たたか》うからこそ競技《きょうぎ》が成立《せいりつ》する、ということを理解《りかい》しましょう。はげしいプレーと、危険《きけん》なプレーは違《ちが》います。また強《つよ》いチームほど、イライラする状況《じょうきょう》でも危険《きけん》なプレーや汚《きたな》いプレーをしないものです。

これ知《し》ってる?

みずから進《すす》んでクリーンなプレーをする

ラグビーでは、試合《しあい》が終《お》われば敵味方《てきみかた》なくたたえ合《あ》うことが文化《ぶんか》として定着《ていちゃく》しています。勇気《ゆうき》を持《も》って正々堂々《せいせいどうどう》と戦《たたか》った相手《あいて》だからこそ、試合《しあい》が終《お》わればすがすがしさを感《かん》じ、お互《たが》いを尊敬《そんけい》し合《あ》うことができます。汚《きたな》いことや危険《きけん》なことをしてくる相手《あいて》には、そうした気持《きも》ちにはなれません。「ルールで禁止《きんし》されているからダメ」ではなく、みずから進《すす》んでクリーンなプレーをすることが、ラグビーではとても大切《たいせつ》なことです。

問題《もんだい》
17
中級《ちゅうきゅう》

ボールを持《も》って当《あ》たるときの正《ただ》しい当《あ》たりかたは？
（答《こた》えは2つ）

1. ボールを相手《あいて》から遠《とお》ざけて持《も》つ
2. ボールを体《からだ》の前《まえ》に持《も》つ
3. 真正面《ましょうめん》からぶち当《あ》たる
4. 体《からだ》を半身《はんみ》にして当《あ》たる

\ヒント/
hint
相手《あいて》と当《あ》たるときは、なるべくボールにさわられないことを意識《いしき》しましょう。

答《こた》えがわかったらページをめくってね

17の答《こた》え

1 ボールを相手《あいて》から遠《とお》ざけて持《も》つ

4 体《からだ》を半身《はんみ》にして当《あ》たる

なんで

ボールを相手《あいて》に取《と》られないようにする

第《だい》1章《しょう》でも説明《せつめい》しましたが、ボールを持《も》って相手《あいて》に当《あ》たる際《さい》は、真正面《ましょうめん》からぶつかるのではなく、ずらして当《あ》たることが大切《たいせつ》です。そのほうが強《つよ》いタックルを受《う》けないので、痛《いた》くありませんし、ボールを落《お》とす危険性《きけんせい》も減《へ》ります。また、当《あ》たる瞬間《しゅんかん》は体《からだ》を半身《はんみ》にし、ボールをできるだけ相手《あいて》から遠《とお》ざけるように持《も》って当《あ》たることも大事《だいじ》です。そうすることでボールにからまれにくくなりますし、真《ま》正面《しょうめん》からぶつからないのでケガの危険《きけん》も減《へ》ります。

NG!

▲真正面《ましょうめん》からぶち当《あ》たる

NG!

▲ボールを体《からだ》の前《まえ》に持《も》つ

問題《もんだい》
18
中級《ちゅうきゅう》

ボールを持《も》って倒《たお》されたらどうすればいい？

1 倒《たお》れたままボールを持《も》ち続《つづ》ける

2 仰向《あおむ》けになる

3 ボールを置《お》き、素早《すばや》く
その場《ば》からはなれて立《た》ち上《あ》がる

ヒント
hint

ラグビーでは、地面《じめん》に寝《ね》た状態《じょうたい》でプレーすることはできません。

答《こた》えがわかったらページをめくってね

18の答《こた》え

3

ボールを置《お》き、素早《すばや》く その場《ば》からはなれて立《た》ち上《あ》がる

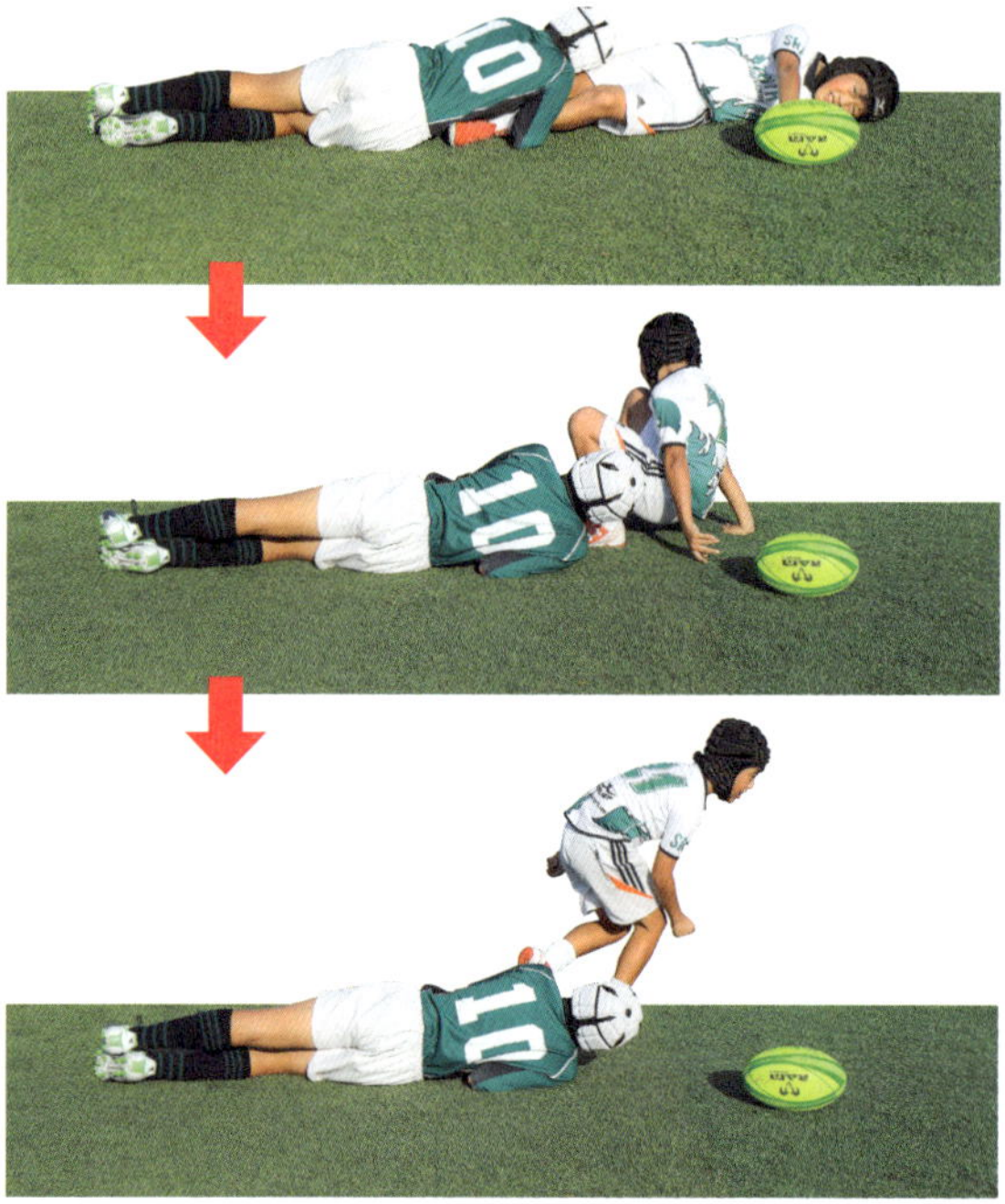

なんで

寝《ね》た状態《じょうたい》でのプレーは反則《はんそく》になる

ラグビーでは、相手《あいて》に倒《たお》されることもあれば、素早《すばや》く次《つぎ》のプレーにつなげるためにあえて自分《じぶん》から倒《たお》れることもあります。いずれにせよ、倒《たお》れて地面《じめん》に寝《ね》た状態《じょうたい》になると、敵味方《てきみかた》から踏《ふ》まれる危険性《きけんせい》があります。同時《どうじ》にラグビーでは、地面《じめん》に寝《ね》た状態《じょうたい》でプレーすると反則《はんそく》になります。ボールを味方《みかた》のほうへ置《お》き、すぐにその場《ば》からはなれて立《た》ち上《あ》がることを意識《いしき》しましょう。

POINT

倒《たお》れるときに頭《あたま》を打《う》たないようにする

倒《たお》れる際《さい》に気《き》をつけてほしいのは、地面《じめん》に頭《あたま》を打《う》たないようにすることです。自分《じぶん》のおへそを見《み》るようにアゴを引《ひ》くと、頭《あたま》を打《う》つ危険性《きけんせい》が大幅《おおはば》に減《へ》ります。柔道《じゅうどう》の受身《うけみ》の練習《れんしゅう》を取《と》り入《い》れるのもいいでしょう。

また、仰向《あおむ》けに倒《たお》れると顔《かお》やお腹《なか》の上《うえ》に乗《の》られる危険性《きけんせい》があり、ボールも相手《あいて》に奪《うば》われやすくなります。前《まえ》を向《む》き、体《からだ》の前面《ぜんめん》と地面《じめん》でボールをサンドイッチするように倒《たお》れるのが理想《りそう》です。

問題《もんだい》 19

初級《しょきゅう》

ラグビーの正《ただ》しい服装《ふくそう》は？

1

2

3

答《こた》えがわかったらページをめくってね

19の答《こた》え ▼ 1

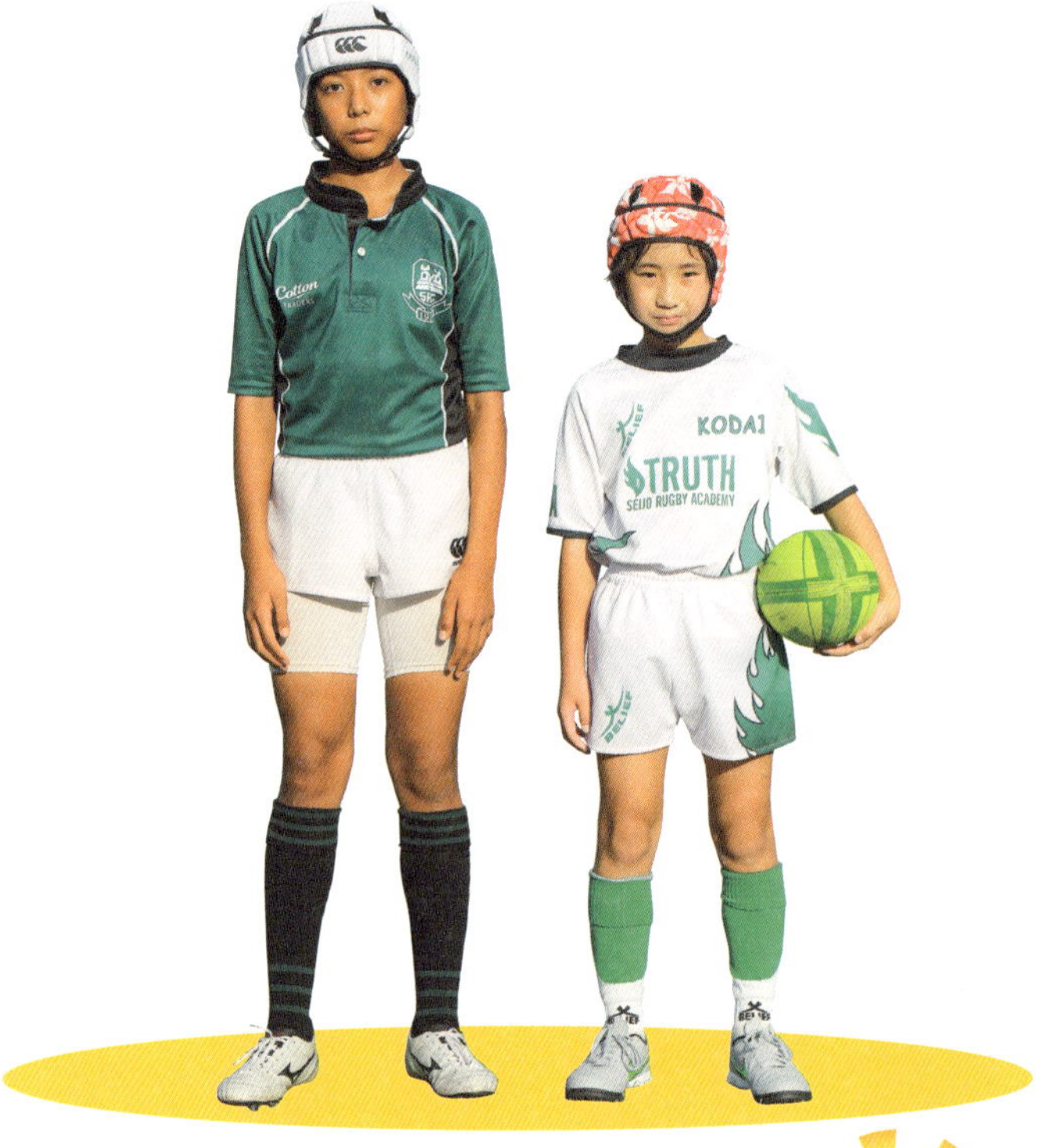
Cotton Traders
KODAI
TRUTH
SEIJO RUGBY ACADEMY

練習《れんしゅう》のときもジャージーで
やるようにしよう！

なんで

正式《せいしき》なスタイルで安全性《あんぜんせい》も高《たか》まる

ラグビーという競技《きょうぎ》は、ジャージー、短《たん》パン、ストッキングを着用《ちゃくよう》して行《おこな》います。また高校生以下《こうこうせいいか》は、ヘッドキャップの使用《しよう》も義務《ぎむ》づけられています。練習《れんしゅう》ではTシャツやショートソックスなどで行《おこな》うこともあると思《おも》いますが、Tシャツでコンタクト練習《れんしゅう》をすると、しっかりとバインドできなかったり、ひっぱられて破《やぶ》れる危険性《きけんせい》があります。またストッキングには、地面《じめん》に倒《たお》れた際《さい》のすり傷《きず》を防《ふせ》ぐ役割《やくわり》もあります。正式《せいしき》なスタイルでプレーすることによって安全性《あんぜんせい》も高《たか》まりますし、試合《しあい》でプレーする際《さい》の服装《ふくそう》に慣《な》れておくという意味《いみ》でも、普段《ふだん》の練習《れんしゅう》から試合《しあい》と同《おな》じスタイルでプレーするほうがいいでしょう。

第《だい》3章《しょう》

もっとトライを取《と》りたい！

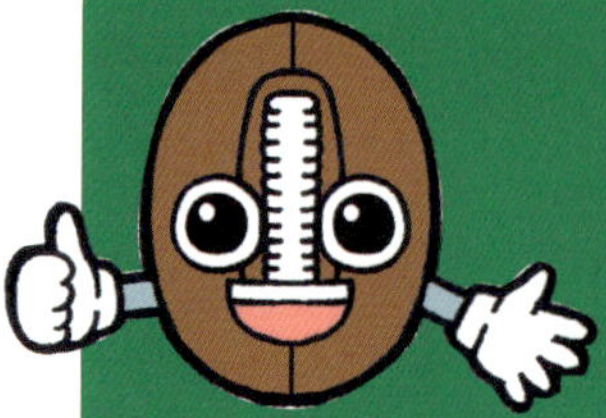

トライを取《と》ったときの喜《よろこ》びは最高《さいこう》！

トライはチーム全員《ぜんいん》で取《と》るもの

ラグビーはトライを取《と》り合《あ》うスポーツです。トライをたくさん取《と》ることがチームの勝利《しょうり》につながりますし、トライを取《と》ると本当《ほんとう》にうれしいものです。私自身《わたしじしん》、初《はじ》めてトライを取《と》ったときの体中《からだじゅう》に電気《でんき》が走《はし》るようなうれしさを、今《いま》でも覚《おぼ》えています。それまでやっていたサッカーでゴールを決《き》めたときと比《くら》べても、まったく違《ちが》う喜《よろこ》びがありました。

トライは簡単《かんたん》に取《と》れるものではありません。だからこそ取《と》れたときは本当《ほんとう》に感激《かんげき》しますし、一度《いちど》その気《き》持《も》ちを味《あじ》わうとやみつきになって、ラグビーをやめられなくなると思《おも》います。なかでも、勝利《しょうり》を決《き》めるようなトライを挙《あ》げたときの感《かん》動《どう》は格別《かくべつ》です。また、めったにトライを取《と》れない選手《せんしゅ》が試合《しあい》でトライを取《と》ると、ほかの選手《せんしゅ》も自分《じぶん》のこと以《い》上《じょう》にうれしさを感《かん》じるものです。ぜひトライを取《と》ることを目指《めざ》して、練習《れんしゅう》に励《はげ》んでください。

ただ、トライは1人《ひとり》で取《と》れるものではありません。チームの仲間《なかま》が全員《ぜんいん》でボールをつなぎ、最後《さいご》にゴールラインをこえた選手《せんしゅ》がインゴールにボールを着《つ》けることで、トライになります。そこに至《いた》るまでには、体《からだ》を張《は》りながらボールを奪《うば》ってきた選手《せんしゅ》や、タックルを受《う》けながらパスをつないでくれた仲間《なかま》の働《はたら》きがあります。どんなトライであっても、それはチーム全員《ぜんいん》で取《と》ったトライであるということを忘《わす》れないでください。

問題《もんだい》
20
中級《ちゅうきゅう》

ボールを持《も》ったらまずどこを見《み》る？

1 ベンチのコーチを見《み》る

2 後《うし》ろの仲間《なかま》を見《み》る

3 前《まえ》を見《み》る

＼ヒント／
hint

ラグビーは、ボールを前《まえ》に運《はこ》ぶスポーツです。タックルで止《と》めにくる相手《あいて》をかわして前進《ぜんしん》するためには、どこを見《み》るべきかを考《かんが》えてみましょう。

答《こた》えがわかったらページをめくってね

20の答《こた》え ▶ 3 前《まえ》を見《み》る

前《まえ》を見《み》ることで周囲《しゅうい》の状況《じょうきょう》を把握《はあく》できる

　ラグビーは相手《あいて》あってのスポーツです。目《め》の前《まえ》に相手《あいて》がいなければ自分《じぶん》で走《はし》ることで前進《ぜんしん》できますし、横《よこ》にいる仲間《なかま》の前《まえ》が空《あ》いていれば、そこにパスをつなぐことでより前進《ぜんしん》できます。前《まえ》を見《み》て、素早《すばや》く周囲《しゅうい》の状況《じょうきょう》を読《よ》み取《と》ることによって、そうした判断《はんだん》ができるようになるのです。「前《まえ》を見《み》るなんて簡単《かんたん》」と思《おも》うかもしれませんが、実際《じっさい》にやってみると、相手《あいて》を見《み》ないでプレーする子《こ》が多《おお》いものです。ボールを持《も》つと相手《あいて》がタックルしにくるので、まるで時限爆弾《じげんばくだん》を持《も》っているかのようにあわててパスをしようとする子《こ》もいます。ボールを持《も》ったら、まずはしっかりと自分《じぶん》の前《まえ》を見《み》ることを心《こころ》がけましょう。

グラウンドに入《はい》ったら
自分《じぶん》で考《かんが》えて
プレーすることが大事《だいじ》！

後《うし》ろの仲間《なかま》を見《み》る

NG!
YUTA
15

▲後《うし》ろを見《み》るよりまずは前《まえ》にボールを運《はこ》ぶことを考《かんが》えよう

ベンチのコーチを見《み》る

NG!
YUTA

▲指示《しじ》を待《ま》っていては相手《あいて》につかまってしまう

POINT

ボールを持《も》っていないときこそ周《まわ》りを見《み》る

　ボールを持《も》っていないときも、前《まえ》を見《み》ることは大切《たいせつ》です。特《とく》にいい選手《せんしゅ》といわれる人《ひと》ほど、この点《てん》が優《すぐ》れています。自分《じぶん》の前《まえ》に相手《あいて》がいないとき、「こっち！」と声《こえ》をかければ、いい形《かたち》でボールをもらうことができます。逆《ぎゃく》にそうしたことができないと、どれだけ高《たか》い能力《のうりょく》があっても、いい状況《じょうきょう》でボールを持《も》てないためトライを取《と》れません。まずは前《まえ》を見《み》て、状況《じょうきょう》を観察《かんさつ》する。それが、トライへの第一歩《だいいっぽ》です。

1 前《まえ》を向《む》いているとき

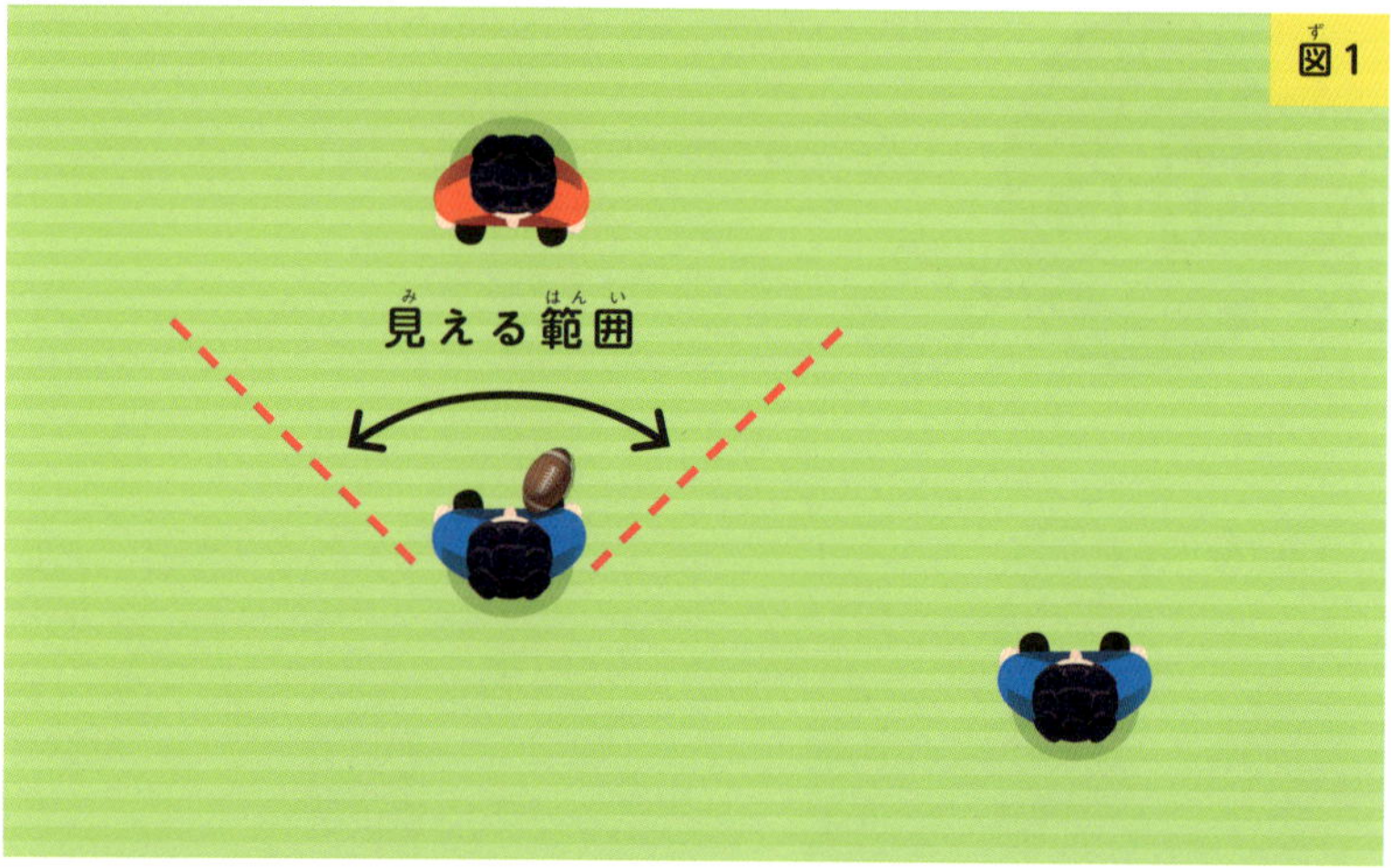

2 横《よこ》を向《む》いているとき

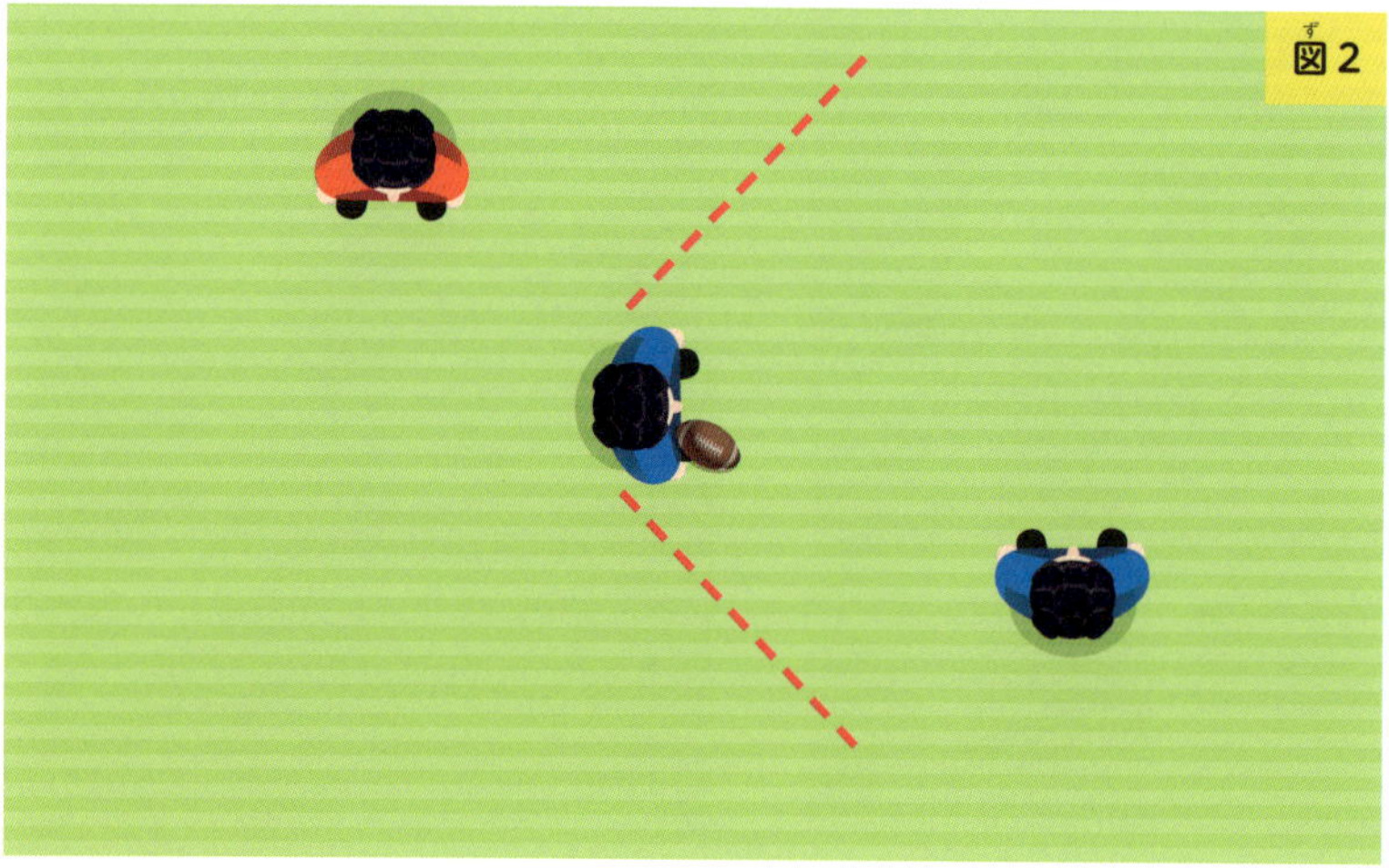

これ知《し》ってる？

どこを見《み》るかで見《み》えるものが変《か》わる！

人間《にんげん》が見《み》ることのできる範囲《はんい》は限《かぎ》られています。ボールを持《も》って走《はし》っているときの見《み》える範囲《はんい》を、仮《かり》に左右《さゆう》90度《ど》としましょう。前《まえ》（真正面《ましょうめん》）を見《み》ればタックルにくる相手《あいて》やその周辺《しゅうへん》のスペースを見《み》ることができますが（図《ず》1）、仲間《なかま》を見《み》ようとして顔《かお》を横《よこ》に向《む》けると、相手《あいて》は見《み》えなくなってしまいます（図《ず》2）。これでは、相手《あいて》がどこにいて、どこにスペースがあるかわかりません。

前《まえ》へ進《すす》むための第一歩《だいいっぽ》は、目《め》の前《まえ》の状況《じょうきょう》をしっかりと見《み》きわめることです。どんなときもまずは前《まえ》を見《み》てプレーできるよう、普段《ふだん》から意識《いしき》するようにしましょう。

問題《もんだい》

21

中級《ちゅうきゅう》

パスをキャッチするときの一番《いちばん》いい形《かたち》は?

1 片手《かたて》で取《と》る

2 胸《むね》と腕《うで》で取《と》る

3 両手《りょうて》の指《ゆび》で取《と》る

ヒント
hint

ラグビーでは、ボールを前《まえ》に落《お》とすと「ノックオン」という反則《はんそく》になります。またボールをキャッチしてすぐにパスをしなければならない状況《じょうきょう》もあります。もっともボールを落《お》としにくく、次《つぎ》のパスを出《だ》しやすいキャッチの形《かたち》を考《かんが》えてみましょう。

答《こた》えがわかったらページをめくってね

21の答《こた》え

3

両手《りょうて》の指《ゆび》で取《と》る

なんで

素早《すばや》く次《つぎ》のプレーをできるのがいいキャッチ

パスを受《う》ける際《さい》に片手《かたて》で取《と》ろうとすると、ミスが起《お》こりやすくなります。また、ドッジボールのように胸《むね》で抱《かか》え込《こ》むようなキャッチは、ボールをはじく可能性《かのうせい》が高《たか》くなりますし、次《つぎ》にパスをするのに持《も》ち直《なお》さなければなりません。いいキャッチをすることが、次《つぎ》のいいプレーにつながります。必《かなら》ず両手《りょうて》で、パスを放《ほう》る味方《みかた》のほうに手《て》を出《だ》してボールを迎《むか》えるようにパスを受《う》けましょう（アーリーキャッチ）。また、手《て》の平《ひら》でキャッチすると、ボールをはじきやすくなります。より上手《じょうず》にボールを扱《あつか》えるようになるためには、両手《りょうて》の指《ゆび》でつかむようにキャッチするフィンガーキャッチが理想《りそう》です。

POINT

つねにパスを頭《あたま》に入《い》れてプレーする

ボールを持《も》つ際《さい》は、いつでもパスをできるように持《も》つことがポイントになります。パスをできる状態《じょうたい》から変化《へんか》して当《あ》たることはできますが、相手《あいて》に当《あ》たることばかり考《かんが》えていると、いざというときにパスができません。つねにパスを頭《あたま》に入《い》れたうえでプレーするようにしましょう。

ただ、実際《じっさい》にやってみるとこれが案外《あんがい》むずかしいものです。練習《れんしゅう》するしか上達《じょうたつ》の方法《ほうほう》はありませんから、つねにアーリーキャッチ、フィンガーキャッチをできるように意識《いしき》してください。

問題《もんだい》 22
中級《ちゅうきゅう》

抜《ぬ》きやすい状況《じょうきょう》、抜《ぬ》きにくい状況《じょうきょう》は?
(抜《ぬ》きやすい順《じゅん》に答《こた》えてください)

1 目《め》の前《まえ》に相手《あいて》ディフェンダーが3人《にん》いる【せまい間隔《かんかく》】

2 目《め》の前《まえ》に相手《あいて》ディフェンダーが3人《にん》いる【広《ひろ》い間隔《かんかく》】

3 目《め》の前《まえ》に相手《あいて》ディフェンダーが1人《ひとり》いる

ヒント
hint

やみくもに突《つ》っ込《こ》むだけでは簡単《かんたん》に相手《あいて》につかまってしまいます。抜《ぬ》けるスペースが多《おお》いのはどの状況《じょうきょう》かを考《かんが》えてみましょう。

答《こた》えがわかったらページをめくってね

22の答《こた》え

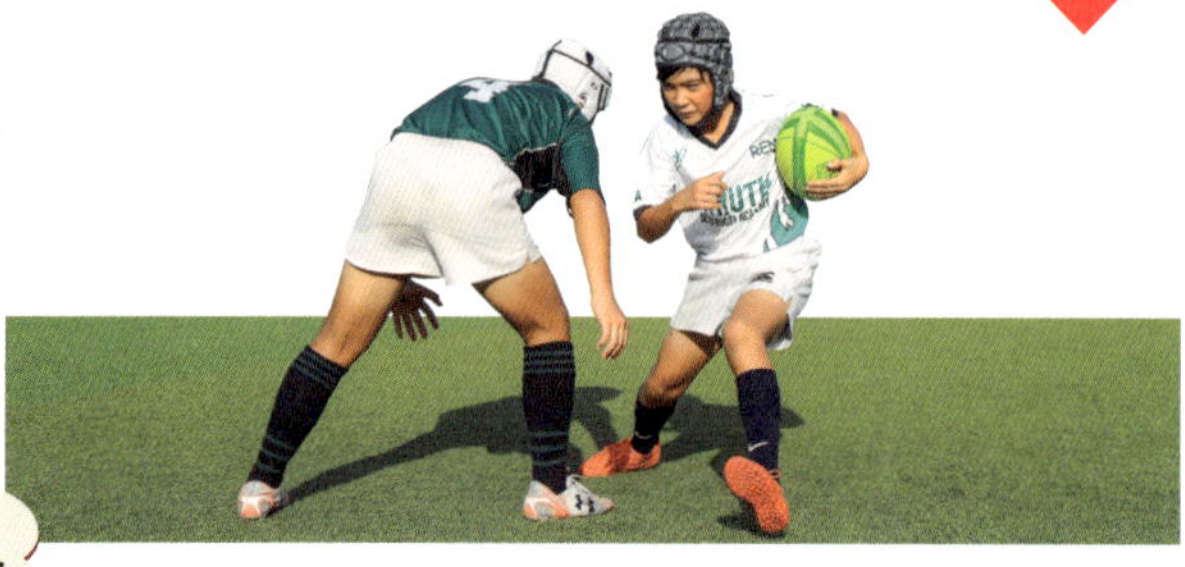

▶大人数《おおにんずう》のディフェンスよりも1人《ひとり》が相手《あいて》ならば突破《とっぱ》しやすくなる

なんで

スペースが大《おお》きいほど抜《ぬ》きやすくなるから

ラグビーで抜《ぬ》きやすいのは、目《め》の前《まえ》にスペース（相手《あいて》がいない空間《くうかん》）がある状況《じょうきょう》です。相手《あいて》が１人《ひとり》のときは当然《とうぜん》ながら周囲《しゅうい》のスペースが大《おお》きくなりますから、抜《ぬ》きやすい状況《じょうきょう》といえます。相手《あいて》が多《おお》くなるに従《したが》って抜《ぬ》きにくくなりますが、同《おな》じ３人《にん》が並《なら》んでいるケースでも、間隔《かんかく》がせまいか、広《ひろ》いかによって抜《ぬ》きやすさは変《か》わります。せまい状況《じょうきょう》では抜《ぬ》けるスペースがありませんし、無理《むり》に間《あいだ》に入《はい》ると２人《ふたり》からタックルされる危険性《きけんせい》があります。一方《いっぽう》、間隔《かんかく》が広《ひろ》ければ間《あいだ》にスペースがあるので、せまいときと比較《ひかく》して突破《とっぱ》できる可能性《かのうせい》は高《たか》くなります。

PO!NT

人数《にんずう》を頭《あたま》に入《い》れてスペースを攻《せ》めよう

何《なに》も考《かんが》えずに相手《あいて》が密集《みっしゅう》しているところに突《つ》っ込《こ》むと、複数《ふくすう》の相手《あいて》から同時《どうじ》にタックルをされてボールを奪《うば》われる危険性《きけんせい》が高《たか》まります。しっかりと前《まえ》を見《み》て状況《じょうきょう》を把握《はあく》し、チームとしてより抜《ぬ》ける可能性《かのうせい》が高《たか》いところを攻《せ》められるようになると、トライを取《と》る可能性《かのうせい》が上《あ》がります。敵味方《てきみかた》の人数《にんずう》を頭《あたま》に入《い》れてプレーできるようになることが、トライをたくさん取《と》るためのポイントです。

問題《もんだい》 23
中級《ちゅうきゅう》

ボールを持《も》って速《はや》く走《はし》るためにはどうすればいい？

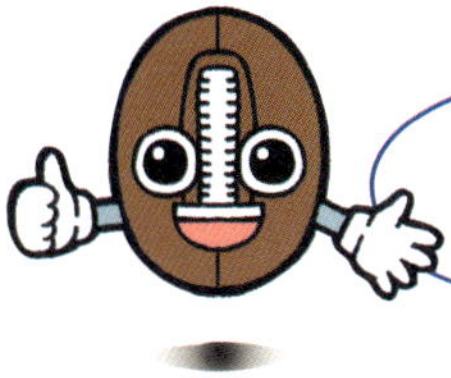

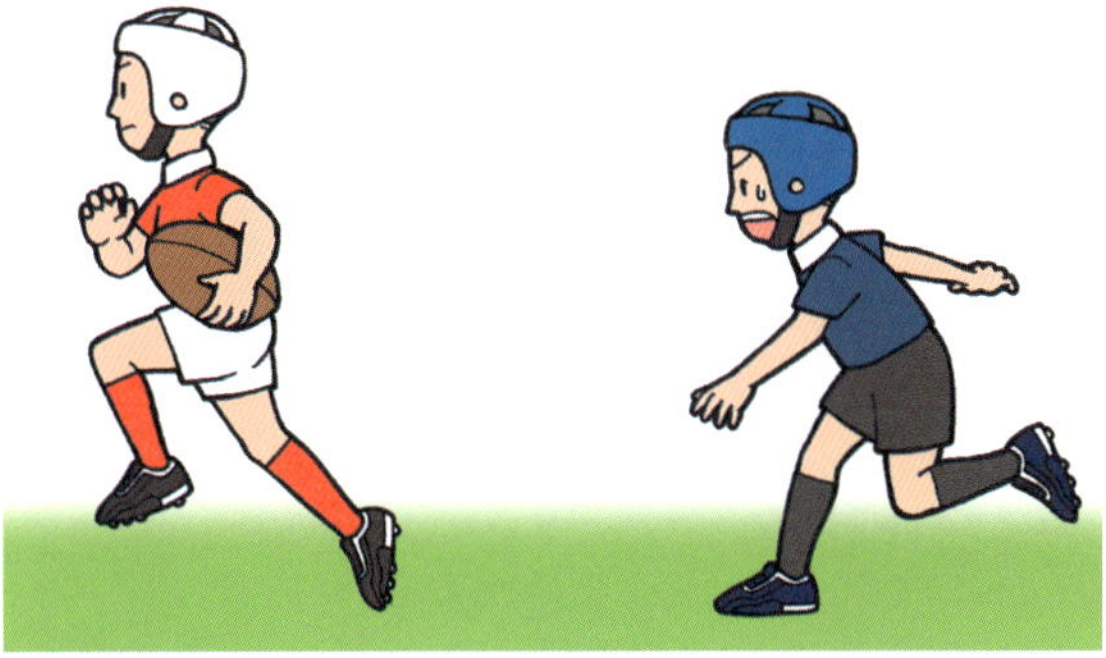

1. パスを受《う》けてから動《うご》き出《だ》す
2. 走《はし》りながらパスを受《う》ける
3. 味方《みかた》に押《お》してもらう
4. いいスパイクを買《か》ってもらう

\ヒント/
hint

ヨーイドンでいっしょにスタートを切《き》れば、当然足《とうぜんあし》の速《はや》いほうが勝《か》ちます。走《はし》り合《あ》いで勝《か》つためには、相手《あいて》より先《さき》にスタートすることが大切《たいせつ》です。

答《こた》えがわかったらページをめくってね

23の答《こた》え▼ 2

走《はし》りながらパスを受《う》ける

なんで

スピードに乗《の》った状態《じょうたい》で プレーできるから

止《と》まった状態《じょうたい》でパスを受《う》けるとそこから加速《かそく》しなければなりませんが、走《はし》り込《こ》んでパスを受《う》ければ、最初《さいしょ》からスピードに乗《の》った状態《じょうたい》でプレーできます。この動《うご》きができる選手《せんしゅ》は、実際《じっさい》の足《あし》の速《はや》さ以上《いじょう》にスピードを感《かん》じさせます。ラグビーを始《はじ》めたばかりの頃《ころ》は、どうしてもボールを持《も》ってから動《うご》き出《だ》そうとしがちです。ただ、これだとスピードに乗《の》るまでに時間《じかん》がかかってしまいます。持《も》ってから走《はし》り出《だ》すのではなく、走《はし》りながらもらえるようになると、ぐんとトライを取《と》れる確率《かくりつ》が高《たか》くなります。

POINT

ボールを持《も》ったらいち早《はや》くチームの先頭《せんとう》に出《で》る

ラグビーは、ボールより前《まえ》にいる選手《せんしゅ》はプレーすることができないため、パスを受《う》けた選手《せんしゅ》は、いち早《はや》く前《まえ》に出《で》てチームの先頭《せんとう》になることが大切《たいせつ》になります。

走《はし》り込《こ》みながらボールをもらうことで、よりスピーディーに先頭《せんとう》に出《で》られるようになります。パスを受《う》ける際《さい》はつねに走《はし》り込《こ》んでボールをもらうことを意識《いしき》しましょう。

問題《もんだい》
24
中級《ちゅうきゅう》

ステップで相手《あいて》を抜《ぬ》く際《さい》に大切《たいせつ》なのは？

1 気合《きあ》い

2 間合《まあ》い

3 新品《しんぴん》のスパイク

ヒント
hint

ステップで抜《ぬ》くには、相手《あいて》との駆《か》け引《ひ》きを制《せい》することが重要《じゅうよう》です。

答《こた》えがわかったらページをめくってね

24の答《こた》え ▼ 2 間《ま》合《あ》い

なんで

自分《じぶん》なりの「抜《ぬ》ける間《ま》合《あ》い」がある

方向転換《ほうこうてんかん》や緩急《かんきゅう》を使《つか》って相手《あいて》をかわす『ステップ』は、敏捷性《びんしょうせい》がものをいうプレーですが、もうひとつ大切《たいせつ》なのは「間《ま》合《あ》い」です。そのため、剣道《けんどう》をやっていた子《こ》などは、意外《いがい》にステップが上手《じょうず》だったりします。スピードやフットワークに関《かん》しては得意不得意《とくいふとくい》がありますし、相手《あいて》との力《ちから》関係《かんけい》によっても抜《ぬ》ける、抜《ぬ》けないが変《か》わってきますが、自分《じぶん》なりの「抜《ぬ》ける間《ま》合《あ》い」をつかむと、抜《ぬ》ける確率《かくりつ》がより高《たか》まります。パナソニックの山田章仁選手《やまだあきひとせんしゅ》は回転《かいてん》したり、後《うし》ろにステップを切《き》ったりしますが、抜《ぬ》けるならそれもOKです。

トライ!

抜《ぬ》き合《あ》い練習《れんしゅう》で間《ま》合《あ》いをつかもう

抜《ぬ》ける間《ま》合《あ》いを身《み》につけるためには、チームメイトとたくさん抜《ぬ》き合《あ》いをするのがいいでしょう。「こういうときはこの技《わざ》が効《き》く」という引《ひ》き出《だ》しを多《おお》く持《も》つことが、試合《しあい》で相手《あいて》を抜《ぬ》くことにつながります。また、「自分《じぶん》がこう動《うご》くことによってここにスペースができる」といった感覚《かんかく》もわかるようになります。

問題《もんだい》 25
中級《ちゅうきゅう》

相手《あいて》につかまったらどうすればいい？

1 止《と》まらず動《うご》き続《つづ》ける

2 止《と》まって味方《みかた》がくるのを
じっと待《ま》つ

3 ボールを放《ほう》り投《な》げる

＼ヒント／
hint

ラグビーでは、ボールを保持《ほじ》し続《つづ》けることがとても大事《だいじ》です。どうすれば相手《あいて》からボールを奪《うば》われないかを考《かんが》えてみましょう。

答《こた》えがわかったらページをめくってね

25の答《こた》え

1

止《と》まらず動《うご》き続《つづ》ける

なんで

動《うご》いていれば相手《あいて》にからまれず、自由《じゆう》に動《うご》かせる部分《ぶぶん》が増《ふ》えるから

ボールを持《も》って相手《あいて》につかまったとき、そこで止《と》まってしまうと、相手《あいて》はラクにボールにからむことができます。しかし動《うご》き続《つづ》けていれば、相手《あいて》はボールにからんだり倒《たお》したりするのがむずかしくなります。動《うご》いているうちに自由《じゆう》に動《うご》かせる部分《ぶぶん》が増《ふ》え、パスができることもあります。また、前《まえ》に出《で》ればそのぶん相手《あいて》を下《さ》げられるので、倒《たお》れたあとに自分《じぶん》たちに有利《ゆうり》な状況《じょうきょう》が生《う》まれやすくなります。逆《ぎゃく》にじっと止《と》まっていると、どんどん相手《あいて》に有利《ゆうり》な状況《じょうきょう》になり、ボールを奪《うば》われやすくなります。

動《うご》き続《つづ》けるためにはパワーや体格《たいかく》が重要《じゅうよう》ですが、意識《いしき》するだけでもかなり違《ちが》います。つかまっても倒《たお》れず、止《と》まらずに動《うご》き続《つづ》けて、できるだけ前《まえ》に出《で》ることを意識《いしき》しましょう。

NG!

ボールを放《ほう》り投《な》げる

▶せっかく保持《ほじ》しているボールを適当《てきとう》に放《ほう》り投《な》げてしまったら相手《あいて》に奪《うば》われてしまう可能《かのう》性《せい》があるのでNG

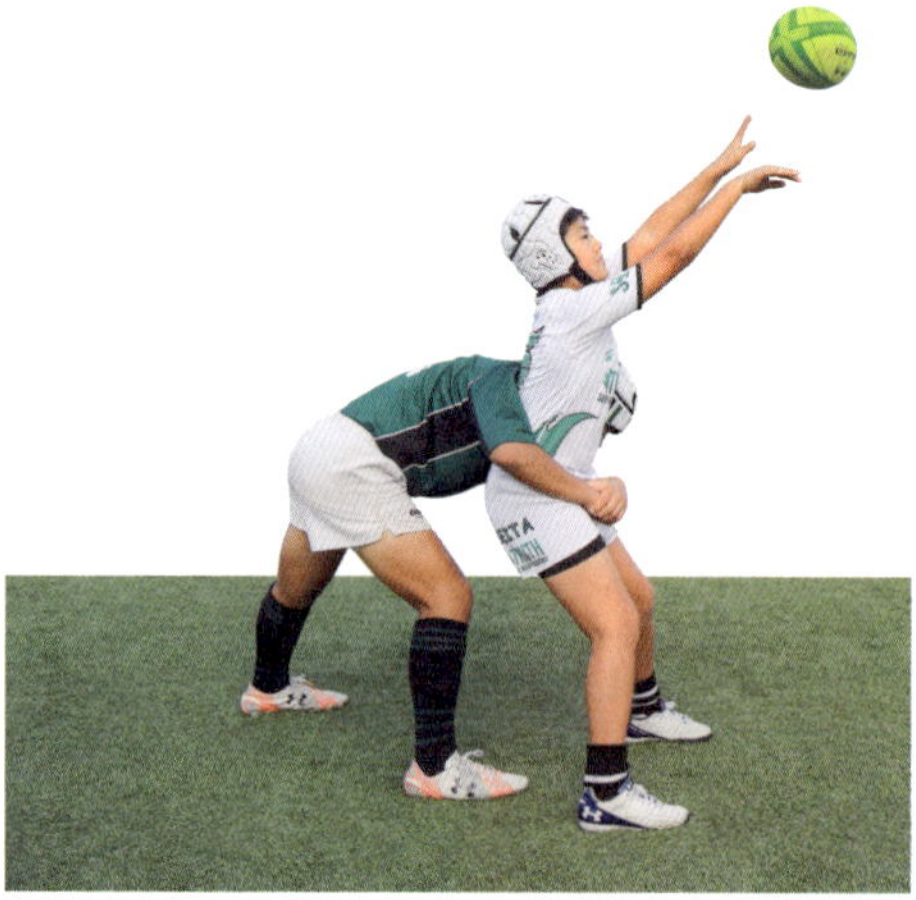

問題《もんだい》 26 上級《じょうきゅう》

ボールを持《も》って倒《たお》されたあと、ボールはどう扱《あつか》うのがいい？

1 絶対《ぜったい》にボールははなさない

2 味方《みかた》に向《む》けてボールを置《お》く

3 投《な》げ捨《す》てる

ヒント hint

プレーを継続《けいぞく》するために、地面《じめん》に倒《たお》れた選手《せんしゅ》はどうすればいいでしょうか。

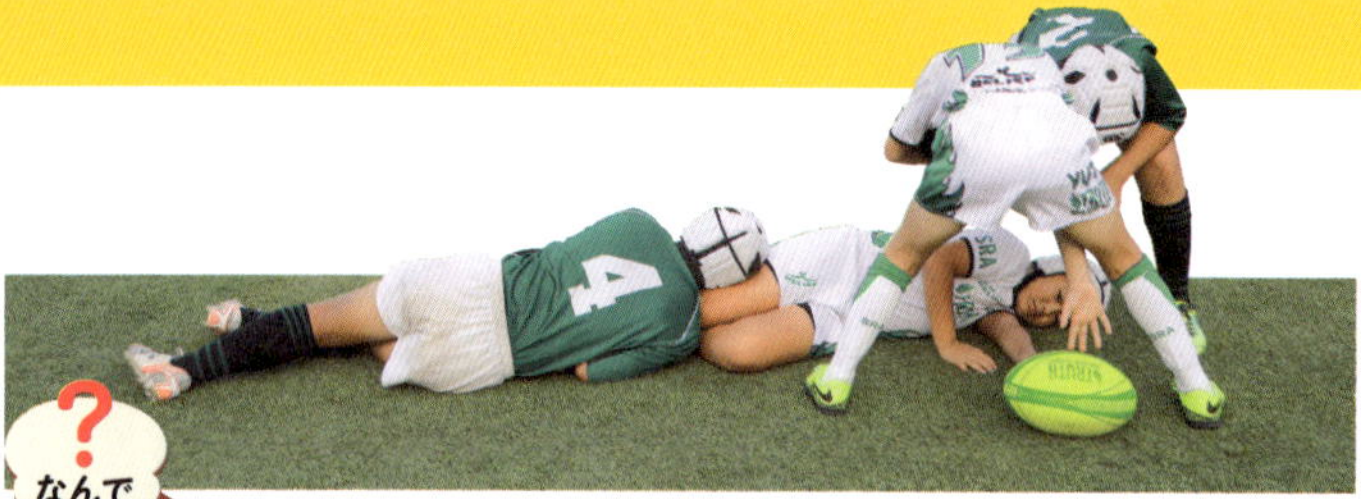

なんで

地面《じめん》に倒《たお》れた選手《せんしゅ》は、ボールに対《たい》してプレーできない

ラグビーでは、地面《じめん》に倒《たお》れた状態《じょうたい》でボールに対《たい》してプレーすると、すべて反則《はんそく》になります。この場合《ばあい》の「倒《たお》れる」とは、地面《じめん》に手《て》やヒザを着《つ》いている状態《じょうたい》も含《ふく》みます。倒《たお》れたままボールをはなさないと、「ノット・リリース・ザ・ボール」の反則《はんそく》になります。またはなしたあとに密集《みっしゅう》のなかでボールを手《て》で扱《あつか》うと、「ハンド」の反則《はんそく》をとられます。倒《たお》されたときの理想《りそう》は、味方《みかた》に向《む》けてボールを置《お》くことですが、あまりこれを意識《いしき》しすぎると、倒《たお》れたときにボールをはなさなくなってしまいます。小学生《しょうがくせい》のうちはまず正《ただ》しい当《あ》たりかた、倒《たお》れかたを身《み》につけ、倒《たお》れたらいち早《はや》くボールを置《お》いてその場《ば》からはなれることを意識《いしき》づけるのがいいでしょう。

ボールをはなさない

NG!

▶ボールを奪《うば》われるのが嫌《いや》だからといって、倒《たお》れてもボールを保持《ほじ》したままでいると「ノット・リリース・ザ・ボール」の反則《はんそく》を取《と》られる

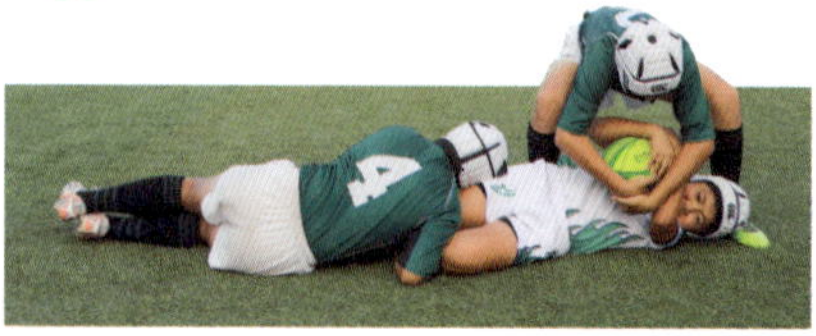

26の答《こた》え

▼ 2

味方《みかた》に向《む》けてボールを置《お》く

POINT

小学生年代《しょうがくせいねんだい》では、次《つぎ》に攻《せ》めるスペースを見《み》つける能力《のうりょく》を養《やしな》おう

最近《さいきん》はミニ・ラグビーの試合《しあい》でも、タックルが起《お》きるとラックに入《はい》るプレーヤーに対《たい》して「乗《の》りこえろ！」という声《こえ》がかかるシーンをよく見《み》かけます。しかし、小学生《しょうがくせい》のうちはそうした部分《ぶぶん》にあまり力《ちから》を入《い》れないほうがいいと感《かん》じます。確《たし》かにそこでボールを奪《うば》えばチャンスになりますし、その戦《たたか》いかたのほうが試合《しあい》に勝《か》てるかもしれません。しかし成長途上《せいちょうとじょう》である小学生年代《しょうがくせいねんだい》では、むしろタックルが起《お》こったら次《つぎ》に攻《せ》められるスペースがどこにあるかを見《み》つける能力《のうりょく》を養《やしな》ったほうが、先々《さきざき》につながります。子《こ》どもは、ラックでボールをオーバー（相手《あいて》を押《お》し返《かえ》すプレー）するよりも、ボールを持《も》って走《はし》ったり抜《ぬ》いたりするほうが楽《たの》しいと感《かん》じるものです。そういう状況《じょうきょう》をできるだけ多《おお》くつくってあげるのが、この年《ねん》代《だい》を教《おし》える指導者《しどうしゃ》の役割《やくわり》だと思《おも》います。

第《だい》4章《しょう》

なぜパスをするの？

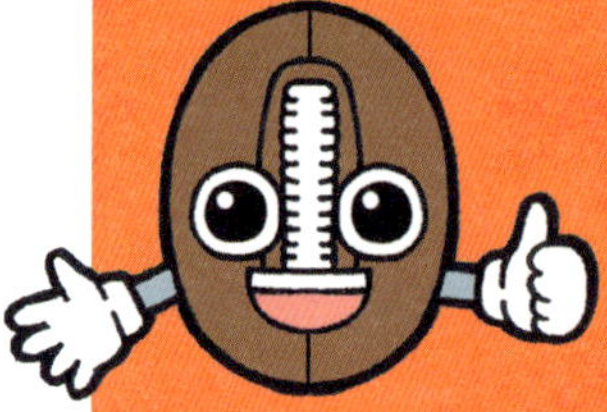

パスは、タイミングが大事《だいじ》

前進《ぜんしん》するためにパスをつなごう

どれほど大《おお》きく、強《つよ》く、速《はや》い選手《せんしゅ》でも、1人《ひとり》だけではどこかで必《かなら》ず相手《あいて》につかまります。そこで必要《ひつよう》になるのが、さらに前進《ぜんしん》するために仲間《なかま》へボールをつなぐ「パス」です。

パスには、ボールの回転《かいてん》やスピード、投《な》げる場所《ばしょ》などさまざまなポイントがありますが、一番大切《いちばんたいせつ》なのは、『いつ投《な》げるか』です。もちろん球筋《たますじ》や回転《かいてん》がきれいなほうがいいのですが、それよりも「今《いま》！」というタイミングで投《な》げることのほうが重要《じゅうよう》になります。

野球《やきゅう》のピッチャーのように静止《せいし》した状態《じょうたい》から投《な》げるのとは異《こと》なり、ラグビーのパスは動《うご》きながら投《な》げます。変化《へんか》する状況《じょうきょう》のなかで、味方《みかた》や相手《あいて》とのきょり、スペースのある場所《ばしょ》を見《み》きわめ、「ここ！」というタイミングで正確《せいかく》にパスをできるかどうかで、抜《ぬ》けるか抜《ぬ》けないかが決《き》まってくるのです。

攻撃側《こうげきがわ》2人《ふたり》対防御側《たいぼうぎょがわ》1人《ひとり》の状況《じょうきょう》を考《かんが》えてみましょう。ボールを持《も》つ選手《せんしゅ》が相手《あいて》を引《ひ》きつけてパスをすれば、味方《みかた》はフリーで抜《ぬ》け出《だ》すことができます（図《ず》1）。しかしパスを投《な》げるのが早《はや》すぎると、相手《あいて》は横《よこ》にずれて次《つぎ》の選手《せんしゅ》にタックルできます（図《ず》2）。逆《ぎゃく》に投《な》げるのが遅《おそ》すぎると、今度《こんど》はパスをする前《まえ》に自分《じぶん》がタックルされてしまいます（図《ず》3）。

パスは受《う》け手《て》がいて成立《せいりつ》するものですから、相手《あいて》が取《と》りやすいパスを投《な》げることが大切《たいせつ》です。しかし取《と》りやすいパスを意識《いしき》しすぎてタイミングがずれると、抜《ぬ》ける状況《じょうきょう》も抜《ぬ》けなくなってしまいます。また、抜《ぬ》けるタイミングは受《う》け手《て》の足《あし》の速《はや》さや立《た》ち位置《いち》によっても変《か》わります。状況《じょうきょう》を見《み》きわめ、パスを投《な》げる選手《せんしゅ》と、受《う》ける選手《せんしゅ》がしっかりコミュニケーションをとることも、いいパスを投《な》げるための条件《じょうけん》です。

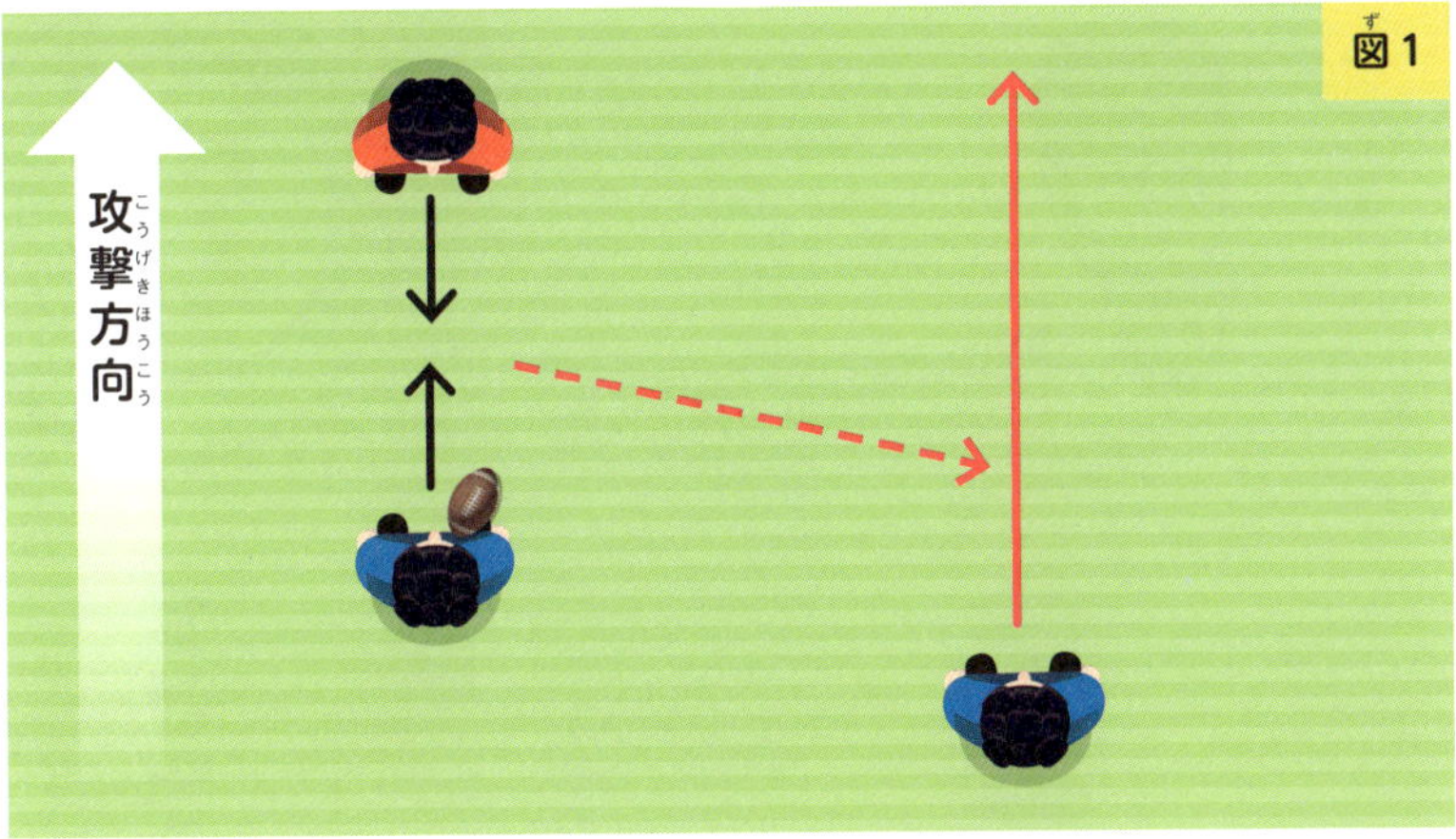

図《ず》1
相手《あいて》を引《ひ》きつけてパスをすれば
味方《みかた》はフリーで抜《ぬ》け出《だ》せる

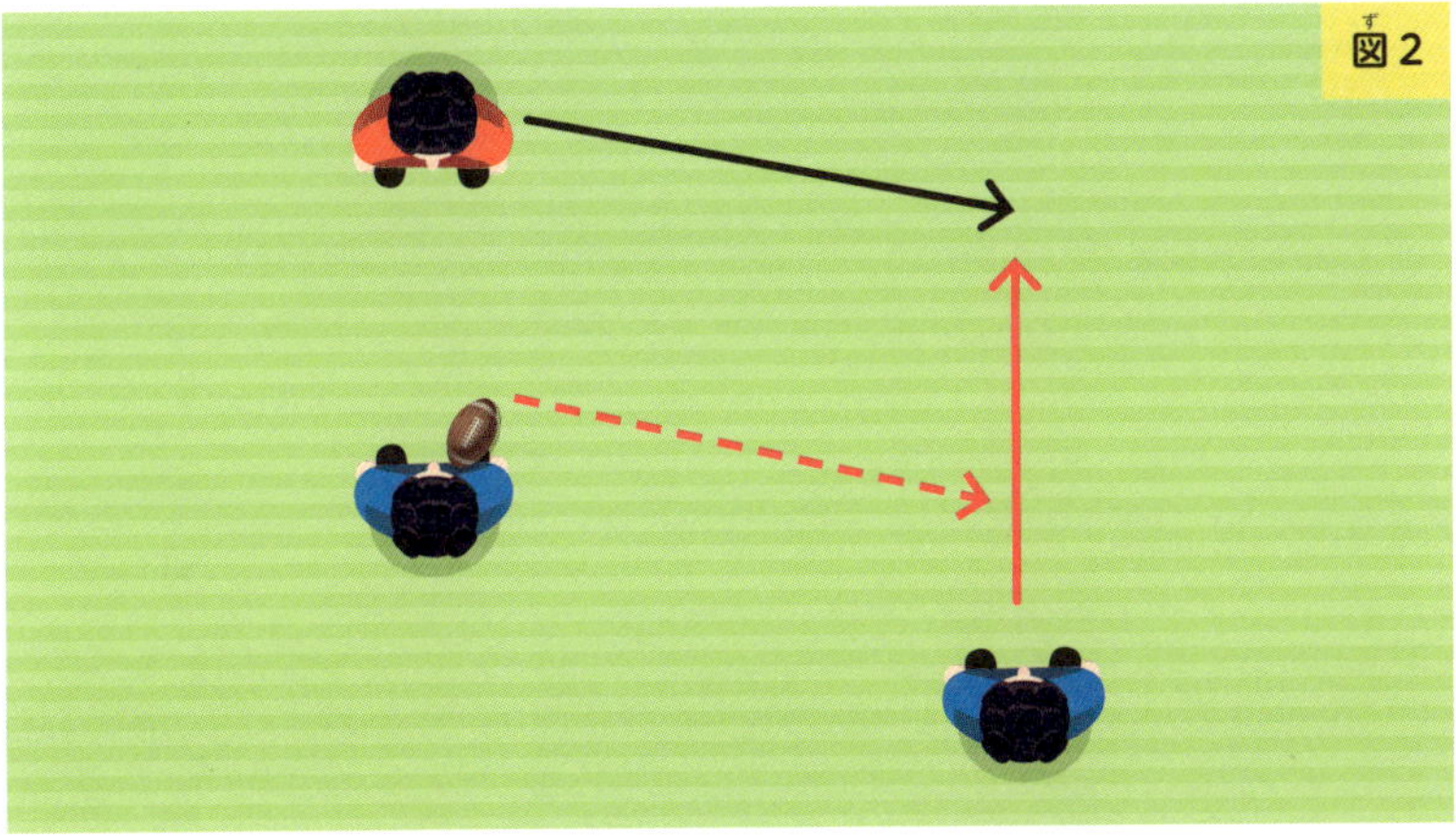

図《ず》2
パスを投《な》げるのが早《はや》すぎると
相手《あいて》は横《よこ》にずれてタックルできる

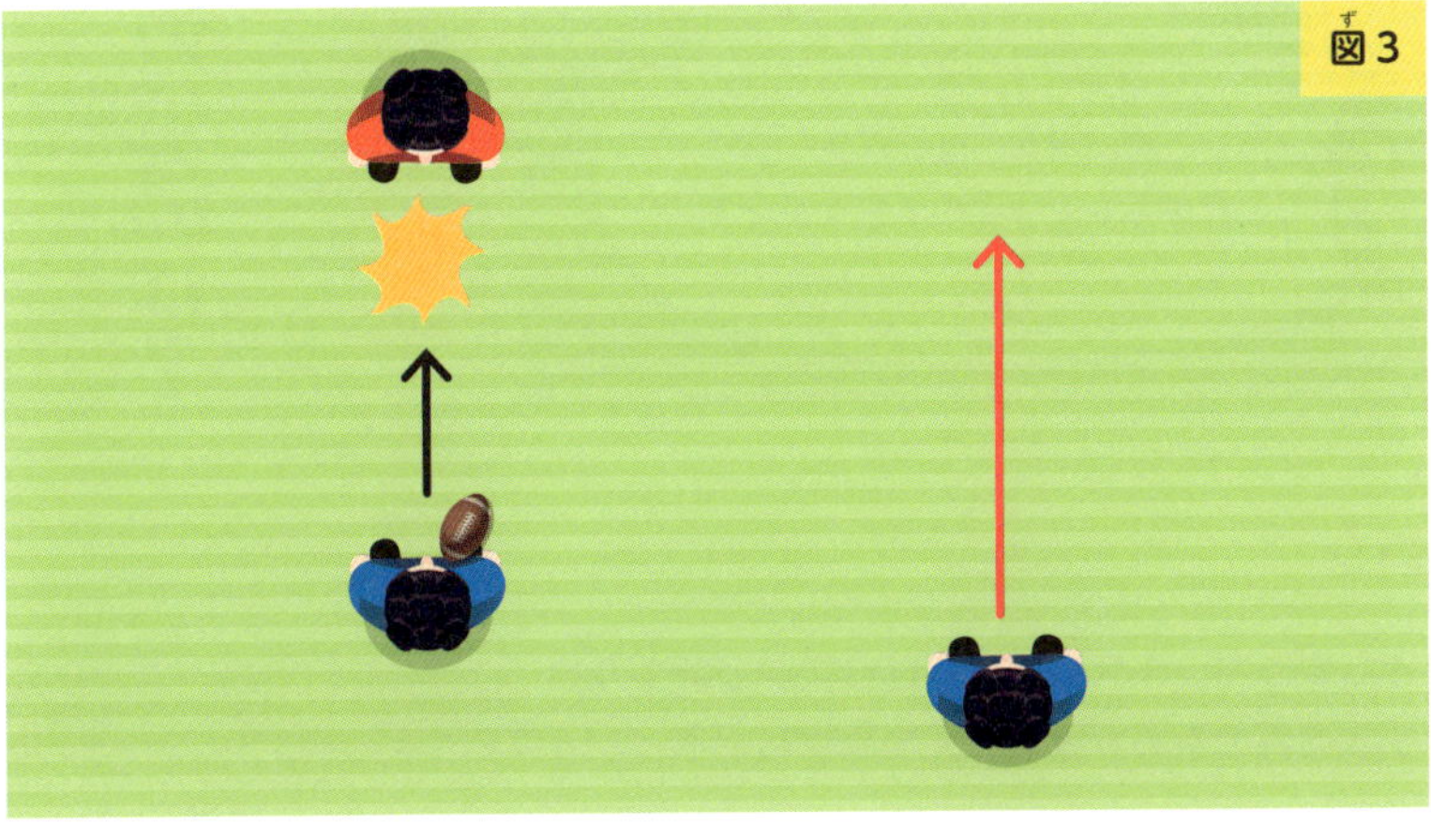

図《ず》3
投《な》げるのが遅《おそ》すぎると
パスの前《まえ》にタックルを受《う》ける

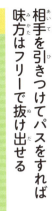

初級《しょきゅう》

問題《もんだい》 27

受《う》け手《て》がキャッチしやすいパスの位《い》置《ち》は？

＼ヒント／

hint

走《はし》り込《こ》みながらボールを受《う》けるのはむずかしいもの。キャッチする際《さい》の手《て》の位置《いち》を考《かんが》えてみましょう。

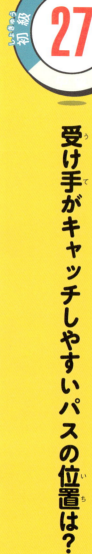

1 顔《かお》の高《たか》さ

2 胸《むね》の高《たか》さ

3 ヒザの高《たか》さ

答《こた》えがわかったらページをめくってね

27の答《こた》え

▼

2

胸《むね》の高《たか》さ

なんで

受《う》け手《て》の体勢《たいせい》が崩《くず》れないのは、胸《むね》の高《たか》さ

走《はし》り込《こ》んでくる味方《みかた》がもっともキャッチしやすいのは、胸《むね》から腰《こし》にかけての高《たか》さのパスです。また胸《むね》の高《たか》さでキャッチすると、次《つぎ》にパスをする際《さい》も投《な》げやすくなります。低《ひく》すぎるパスや高《たか》すぎるパスは、受《う》け手《て》の体勢《たいせい》が崩《くず》れてしまいます。相手《あいて》が取《と》りやすい位置《いち》に投《な》げられるよう練習《れんしゅう》しましょう。

トライ!

パスは「受《う》け手《て》の少《すこ》し前《まえ》」に投《な》げよう

パスでもうひとつ大切《たいせつ》なのは、『受《う》け手《て》の少《すこ》し前《まえ》に投《な》げること』です。走《はし》り込《こ》んでパスを受《う》けようとする選手《せんしゅ》に対《たい》して、最初《さいしょ》の立《た》ち位置《いち》に向《む》かってパスを投《な》げると、パスは後方《こうほう》に流《なが》れます（写真《しゃしん》）。少《すこ》し前《まえ》に投《な》げてあげると、受《う》け手《て》がスピードに乗《の》った状態《じょうたい》でキャッチすることができ、次《つぎ》のプレーに移《うつ》りやすくなります。

最初《さいしょ》の立《た》ち位置《いち》にパス

問題《もんだい》28

初級《しょきゅう》

キャッチしやすいボールの状態《じょうたい》は？

1 ボールが寝《ね》た状態《じょうたい》

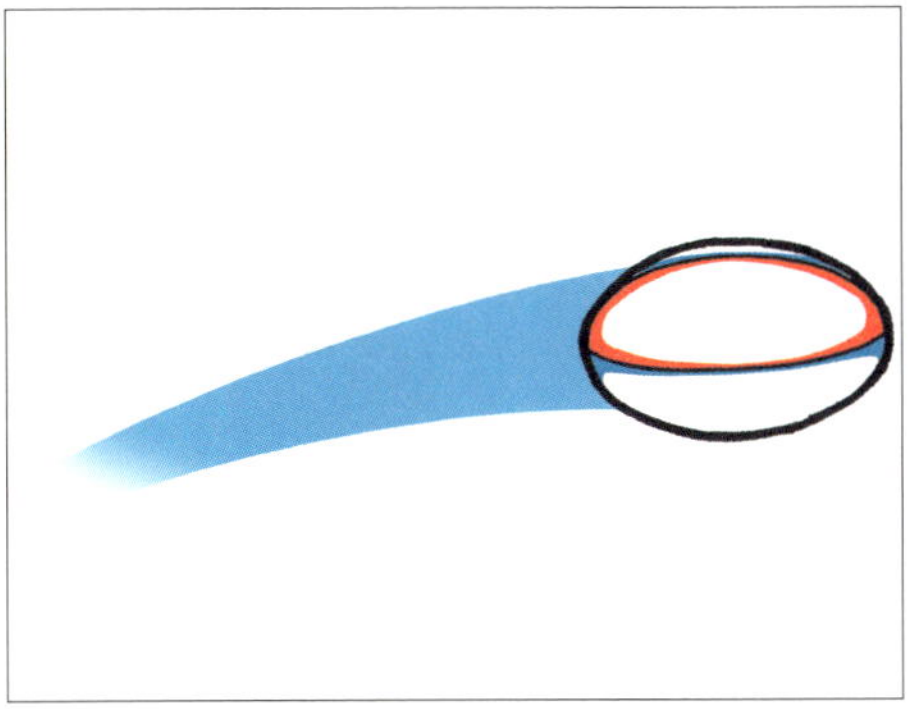

2 ボールが立《た》った状態《じょうたい》

3 ボールがタテに回転《かいてん》している状態《じょうたい》

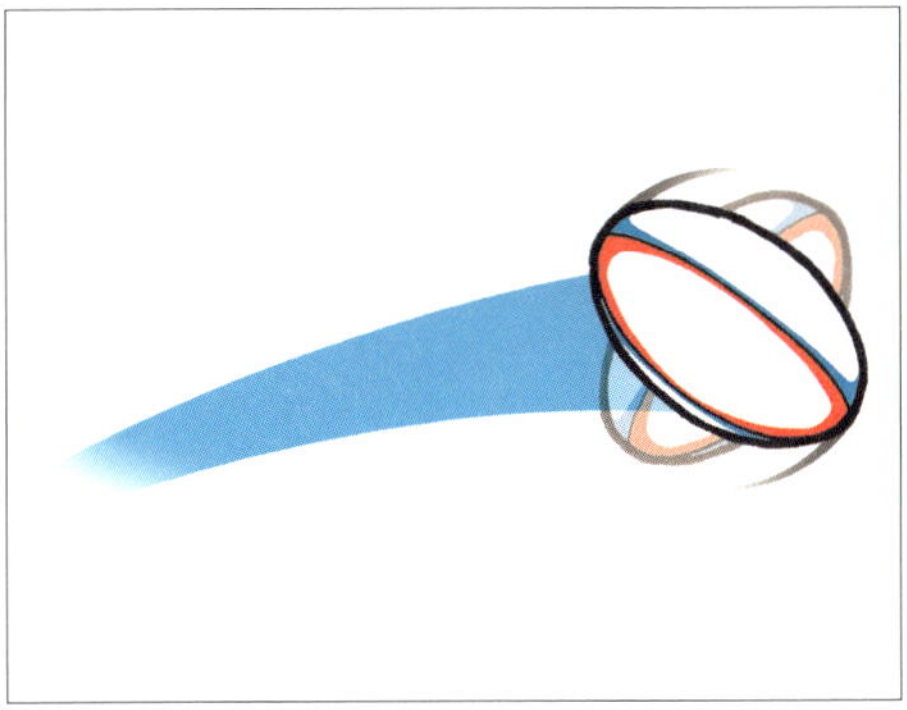

ヒント
hint

ラグビーボールは独特《どくとく》の形《かたち》をしています。そのぶん、どういう状態《じょうたい》で飛《と》んでくるかによってキャッチのしやすさが変《か》わってきます。

答《こた》えがわかったらページをめくってね

28の答《こた》え ▶ 2 ボールが立《た》った状態《じょうたい》

なんで

ボールの腹《はら》が見《み》えるので フィンガーキャッチ しやすい

　ボールが立《た》っているパスは、ボールの腹《はら》が見《み》える状態《じょうたい》で飛《と》んでくるので、フィンガーキャッチしやすくなります。弾丸《だんがん》のようにボールが寝《ね》ていると、手《て》からすっぽ抜《ぬ》けやすくなりますし、タテに回転《かいてん》していると、つかむ位置《いち》がぶれるのではじきやすくなります。なお理想的《りそうてき》な球筋《たますじ》は、ボールが立《た》ったまま受《う》け手《て》の手元《てもと》でスーッとのびてくるような軌道《きどう》のパスです。逆《ぎゃく》に、受《う》け手《て》の手元《てもと》で急《きゅう》に落《お》ちるような「おじぎパス」は、ノックオンしやすくなります。ラグビーボールはバスケットやサッカーのような丸《まる》いボールと違《ちが》って扱《あつか》いがむずかしいので、小学生年代《しょうがくせいねんだい》からこうしたことを意識《いしき》して練習《れんしゅう》をすることが大切《たいせつ》です。

POINT

パスはバトンと同《おな》じ大切《たいせつ》なもの

　よくいわれることですが、パスはリレー競走《きょうそう》のバトンと同《おな》じです。「自分《じぶん》の前《まえ》に相手《あいて》がいて前《まえ》に出《で》られないから、このボールを頼《たの》む」という気持《きも》ちで大切《たいせつ》に扱《あつか》うことが、パスが上手《じょうず》になるコツです。

　投《な》げるプレーヤーが取《と》りやすいパスを意識《いしき》するだけで、受《う》け手《て》は格段《かくだん》にキャッチしやすくなります。またキャッチする側《がわ》も、「手《て》でさわれる位置《いち》にきたボールは絶対《ぜったい》に落《お》とさない」という意識《いしき》を持《も》つことで、キャッチミスが大幅《おおはば》に減《へ》ります。

　ボールを落《お》とすと、せっかくのチャンスをつぶすだけでなく、相手《あいて》ボールのスクラムになってピンチをまねいてしまいます。それだけパスは大事《だいじ》だということを意識《いしき》しましょう。

初級《しょきゅう》 問題《もんだい》29

次《つぎ》の3つのパスで、反則《はんそく》にならないものはどれでしょう？

1 自分《じぶん》より前《まえ》の味方《みかた》に投《な》げる

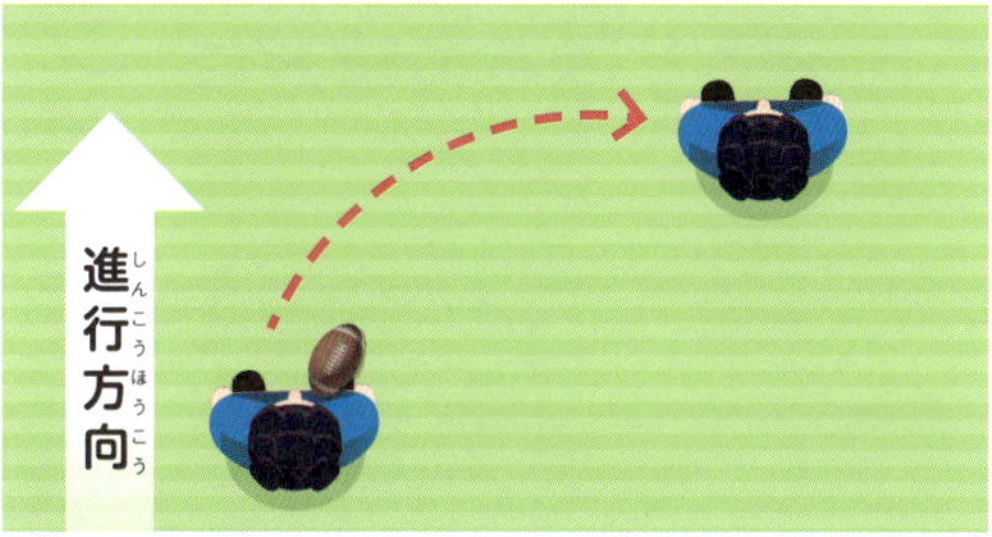
進《しん》行《こう》方《ほう》向《こう》

2 自分《じぶん》の真横《まよこ》の味方《みかた》に投《な》げる

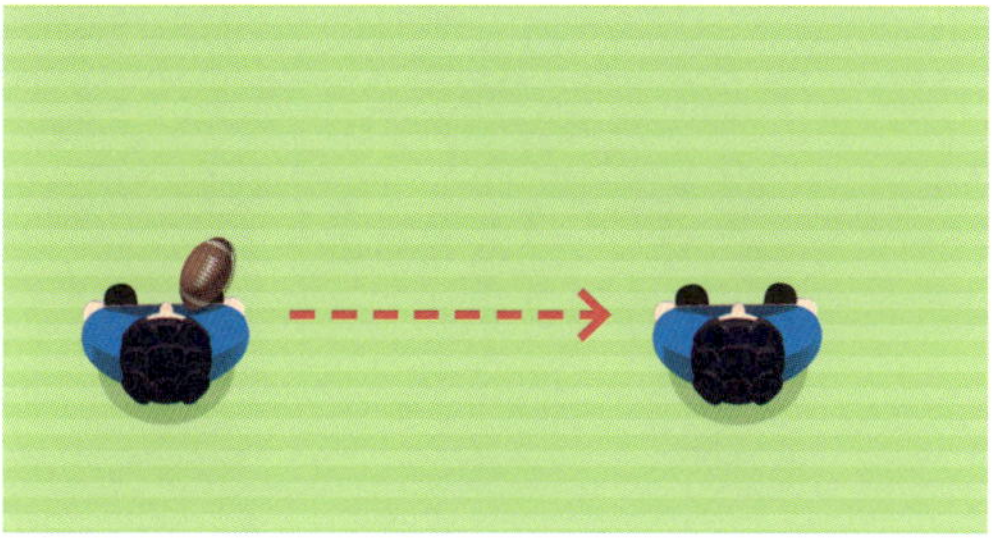

3 自分《じぶん》より後《うし》ろの味方《みかた》に投《な》げる

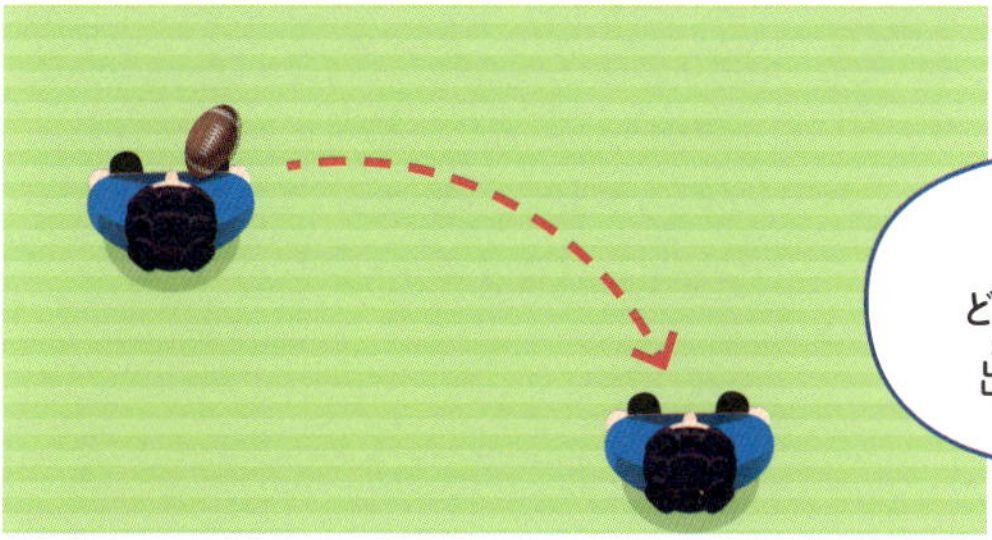

ラグビーは
どうやってパスを
出《だ》してたかな？

＼ヒント／
hint

ラグビーは、ボールを後《うし》ろにつなぎながら前進《ぜんしん》するスポーツです。
答《こた》えは2つあります。

答《こた》えがわかったらページをめくってね

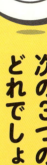

29の答《こた》え ▶

2 自分《じぶん》の真横《まよこ》の味方《みかた》に投《な》げる

3 自分《じぶん》より後《うし》ろの味方《みかた》に投《な》げる

なんで

真横《まよこ》へのパスはOK

ラグビーでは、自分《じぶん》より前《まえ》にパスを放《ほう》ると「スローフォワード」の反則《はんそく》になります。前《まえ》に出《で》るために自分《じぶん》より後《うし》ろの仲《なか》間《ま》にパスをするというのは、ラグビー特有《とくゆう》のルールであり、競技《きょうぎ》をおもしろくしている点《てん》だといえるでしょう。ここで迷《まよ》うのは横《よこ》へのパスですが、ルールでは「真横《まよこ》か、それより後方《こうほう》のパスはOK」となっており、横《よこ》へのパスはスローフォワードにはなりません。

これ知《し》ってる？

ボールを前《まえ》に落《お》とすと「ノックオン」

スローフォワードと同《おな》じようにパスの場《ば》面《めん》でよく起《お》こる反則《はんそく》が、「ノックオン」です。ノックオンとは、選手《せんしゅ》が落《お》としたボールが前方《ぜんぽう》へ進《すす》んだり、手《て》や腕《うで》にさわったボールが前方《ぜんぽう》へ落《お》ちることを指《さ》します。ノックオン、スローフォワードは軽《かる》い反則《はんそく》に分類《ぶんるい》され、相手《あいて》ボールのスクラムで試合《しあい》が再開《さいかい》されます。

問題《もんだい》 30

中級《ちゅうきゅう》

ベストのタイミングでパスするためのポイントは？

味方《みかた》の状況《じょうきょう》を見《み》て
パスしよう

1 頭《あたま》のなかでリズムをとる

2 つねに同《おな》じタイミングでパスを投《な》げる

3 コミュニケーションをとる

ヒント
hint

ベストのタイミングは、そのときの状況《じょうきょう》や受《う》け手《て》の選手《せんしゅ》によっても変《か》わってきます。

 答《こた》えがわかったらページをめくってね

30の答《こた》え

3 コミュニケーションをとる

なんで

変化《へんか》する状況《じょうきょう》に応《おう》じて、受《う》け手《て》がほしい瞬間《しゅんかん》にパスを投《な》げるため

パスを出《だ》すベストのタイミングは、相手《あいて》を自分《じぶん》に引《ひ》きつけ、受《う》け手《て》がもっともいい状態《じょうたい》で受《う》けられる瞬間《しゅんかん》です。しかしどのタイミングがベストであるかは、そのときの状況《じょうきょう》や受《う》け手《て》によっても異《こと》なります。そのためタイミングを見《み》きわめるためには、パスの投《な》げ手《て》と受《う》け手《て》がしっかりとコミュニケーションをとることが重要《じゅうよう》になります。投《な》げてほしいタイミングで受《う》け手《て》が「今《いま》！」とコールし、それに合《あ》わせてパスを投《な》げられれば、それが一番《いちばん》いいでしょう。しかし実際《じっさい》に試合《しあい》でそれをやるのは、一流選手《いちりゅうせんしゅ》でもむずかしいものです。ここは練習《れんしゅう》や試合《しあい》で経験《けいけん》を重《かさ》ね、徐々《じょじょ》にできるようにしていくしかありません。

POINT

タイミングさえよければ、パスはつながる

不思議《ふしぎ》なもので、パスはタイミングさえよければ、多少位置《たしょういち》がずれたり回転《かいてん》が悪《わる》くても、受《う》け手《て》はキャッチできるし、つながるものです。逆《ぎゃく》にどれほどきれいなパスでも、タイミングが悪《わる》ければつながりません。相手《あいて》からプレッシャーを受《う》けるなかでも「ここだ！」というタイミングで放《ほう》れるよう、普段《ふだん》からコミュニケーションを意識《いしき》して練習《れんしゅう》しましょう。ここしかないというタイミングでパスがつながったときは本当《ほんとう》に気持《きも》ちがいいですし、トライになることも多《おお》くなります。

問題《もんだい》

初級《しょきゅう》

31

ボールをキャッチする際《さい》の理想的《りそうてき》な取《と》りかたは？

1

キャッチする直前《ちょくぜん》まで手《て》を下《お》ろしておく

2

パスがくる方向《ほうこう》に両手《りょうて》を差《さ》し出《だ》す

3

体《からだ》に近《ちか》い位置《いち》まで呼《よ》び込《こ》んでキャッチする

ヒント

hint

パスは、ボールをキャッチしたら終《お》わりではありません。キャッチしたあとのことを考《かんが》えてみましょう。

答《こた》えがわかったらページをめくってね

31の答《こた》え

▼ 2

パスがくる方向《ほうこう》に両手《りょうて》を差《さ》し出《だ》す

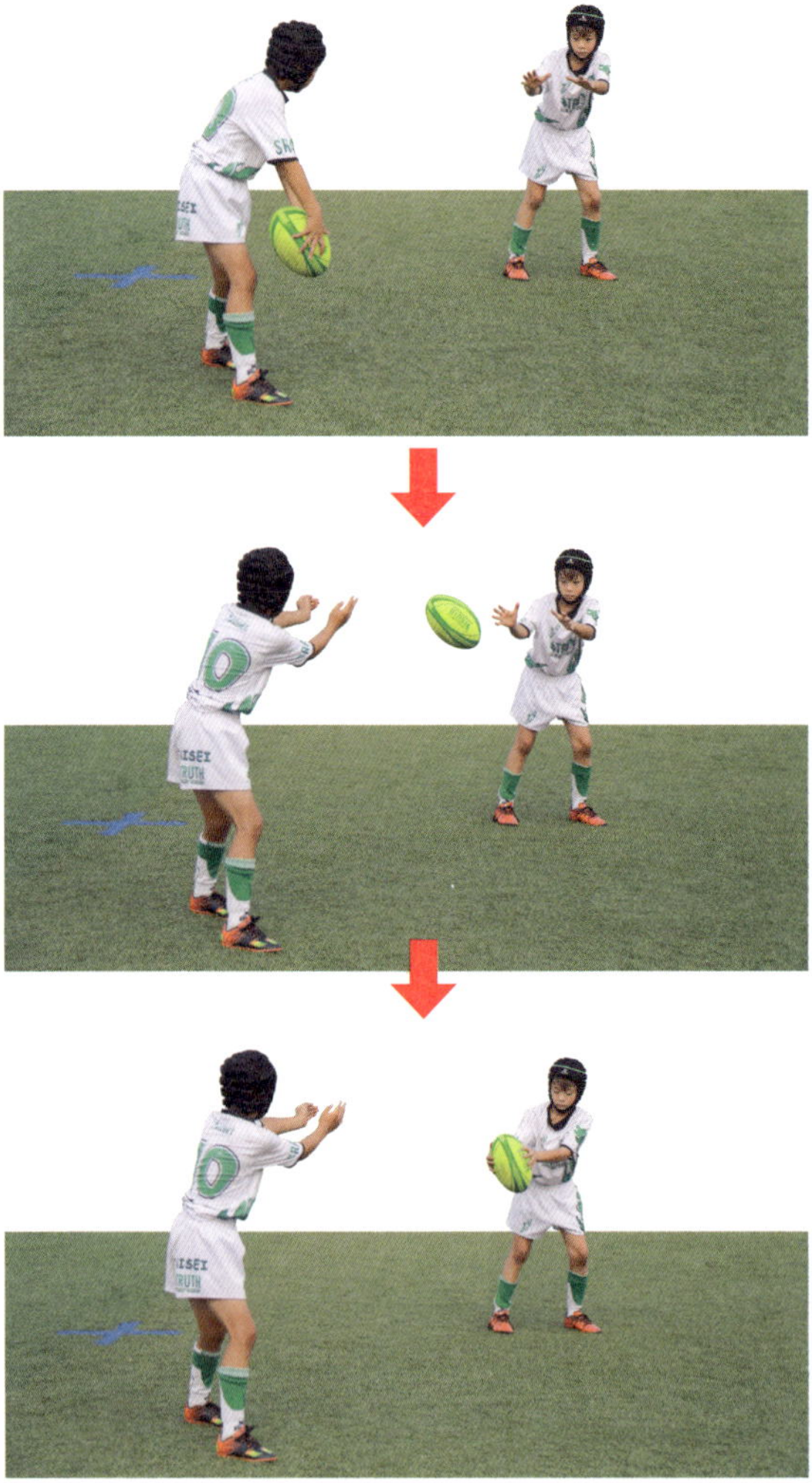

なんで

いち早《はや》くボールを手《て》にすることで、余裕《よゆう》を持《も》って次《つぎ》のプレーができる

パスをキャッチする際《さい》にもっとも大切《たいせつ》なのは、体《からだ》より前《まえ》に両手《りょうて》を出《だ》してキャッチする「アーリーキャッチ」です。いち早《はや》くボールを手《て》にすることで、余裕《よゆう》を持《も》って周囲《しゅうい》の状況《じょうきょう》を見《み》て、次《つぎ》のプレーを判断《はんだん》することができます。またパスがくる方向《ほうこう》に手《て》を差《さ》し出《だ》すことで、走《はし》るコースが外《そと》に流《なが》れるのを防《ふせ》ぐことにもつながります。小学生時代《しょうがくせいじだい》からつねにアーリーキャッチを意識《いしき》するようにしましょう。

POINT

アーリーキャッチにはいいことがいっぱい

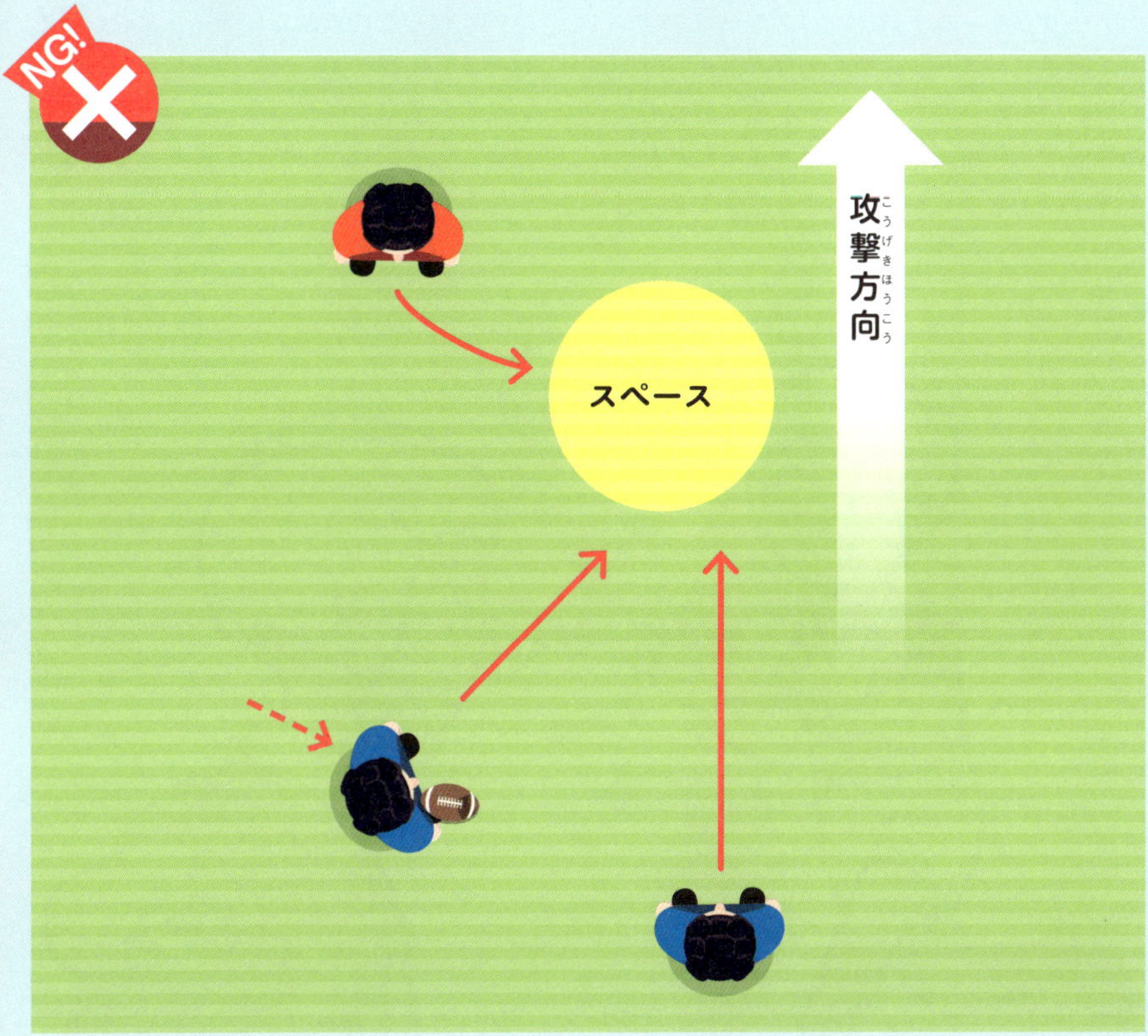

▲体《からだ》が外《そと》を向《む》いて流《なが》れるとスペースをつぶしてしまう。アーリーキャッチをすれば自然《しぜん》と体《からだ》が内《うち》を向《む》くので流《なが》れることを防《ふせ》いでくれる

体《からだ》に近《ちか》い位置《いち》でキャッチすると、パスを投《な》げるために一度《いちど》振《ふ》りかぶらなければなりませんし、キャッチする直前《ちょくぜん》まで手《て》を下《さ》げていると、ノックオンしやすくなります。アーリーキャッチをすれば、ハンドリングが安定《あんてい》しますし、一連《いちれん》の動作《どうさ》で次《つぎ》のパスを投《な》げることができます。また走《はし》るコースが外《そと》に流《なが》れると、外側《そとがわ》にあるスペースをつぶしてしまうことになります（図《ず》）。パスがくる方向《ほうこう》に手《て》を出《だ》すと体《からだ》が内側《うちがわ》を向《む》くので、流《なが》れることを自《し》然《ぜん》と防《ふせ》ぐことにもつながります。

ただ実際《じっさい》にやってみると、どんなときでもアーリーキャッチをできるようになるのはむずかしいものです。早《はや》い年代《ねんだい》からこうした基礎《きそ》の部分《ぶぶん》を身《み》につけておけば、上《うえ》の年代《ねんだい》に進《すす》んだときにとても役立《やくだ》ちます。意識《いしき》して何回《なんかい》も繰《く》り返《かえ》し練習《れんしゅう》しなければ身《み》につかないものですから、根《こん》気強《きづよ》く取《と》り組《く》みましょう。

これ知《し》ってる？

パスのターゲットを示《しめ》す

アーリーキャッチには、パスを投《な》げる味《み》方《かた》の選手《せんしゅ》（パサー）に対《たい》して「ここに投《な》げてほしい」というターゲットを示《しめ》す意味《いみ》もあります。実際《じっさい》にやってみるとよくわかりますが、手《て》を下《お》ろした状態《じょうたい》より、手《て》をあげて的《まと》を示《しめ》したほうが、パサーはねらいをつけやすいものです。パスの精度《せいど》をあげるためにも、受《う》ける側《がわ》がパサーに対《たい》して手《て》を向《む》けて、「ここ！」とキャッチポイントを示《しめ》してあげることは大切《たいせつ》なのです。

問題《もんだい》
32
中級《ちゅうきゅう》

理《り》想《そう》的《てき》なハンズアップの形《かたち》は?

▶ハンズアップ
パスを受《う》けるときの手《て》の使《つか》い方《かた》

1 格闘家《かくとうか》の戦《たたか》う構《かま》えの形《かたち》

2 ゆうれいみたいな手《て》の形《かたち》

3 小《ちい》さく前《まえ》にならえの形《かたち》

\ヒント/
hint

キャッチの理想《りそう》は指《ゆび》でボールをつかむフィンガーキャッチ。どうすれば、飛《と》んでくるボールを指《ゆび》でつかめるでしょうか。

32の答《こた》え

3

小《ちい》さく前《まえ》にならえの形《かたち》

なんで

自然《しぜん》と フィンガーキャッチの 形《かたち》になり、上下《じょうげ》の パスにも対応《たいおう》しやすい

　パスを受《う》ける際《さい》に手《て》をあげる「ハンズアップ」は、アーリーキャッチと並《なら》んでパスキャッチのきほんとなる動作《どうさ》です。パスの受《う》け手《て》に「ここに投《な》げてほしい」というターゲットを示《しめ》すとともに、いつパスがきても対応《たいおう》できるという点《てん》でも、大《おお》きな利《り》点《てん》があります。手《て》をあげたときは、『小《ちい》さく前《まえ》にならえ』をするように指《ゆび》を前《まえ》に向《む》けると、自然《しぜん》とフィンガーキャッチする形《かたち》になり、上下《じょうげ》にぶれたパスにも対応《たいおう》しやすくなります。指《ゆび》を上《うえ》に向《む》け手《て》のひらを投《な》げ手《て》に見《み》せる形《かたち》を指導《しどう》されることもありますが、これだと手《て》のひらの土手《どて》の部分《ぶぶん》にボールが当《あ》たってノックオンしやすくなりますし、腰《こし》より下《した》にきたパスへの対応《たいおう》がしにくくなります。

トライ! 外側《そとがわ》の手《て》だけでターゲットを示《しめ》してみよう

　ハンズアップができるようになったら、投《な》げ手《て》にターゲットを示《しめ》す段階《だんかい》では外側《そとがわ》の手《て》だけをあげるようにしてみましょう。両《りょう》手《て》をあげながら走《はし》ると腕《うで》を思《おも》い切《き》り振《ふ》れないのできゅうくつに感《かん》じますが、片手《かたて》をあげるだけなら走《はし》りに与《あた》える影響《えいきょう》も少《すく》なくなります。

　また外側《そとがわ》の手《て》を内《うち》に向《む》けると、自然《しぜん》と上《じょう》半身《はんしん》が内側《うちがわ》を向《む》くので、外《そと》に流《なが》れにくくなります。その状態《じょうたい》から、パスが投《な》げられた瞬間《しゅんかん》に両手《りょうて》をあげ、アーリーキャッチで受《う》けられるようにしていきます。

問題《もんだい》 33
初級《しょきゅう》

正《ただ》しいフォロースルーの形《かたち》は？

1 ターゲットに向《む》けまっすぐ腕《うで》を振《ふ》り抜《ぬ》く

2 上《うえ》に振《ふ》りあげる

3 体《からだ》に巻《ま》きつけるように横《よこ》に振《ふ》り回《まわ》す

ヒント
hint

パスはフォロースルーする方向《ほうこう》に飛《と》んでいきます。どこに放《ほう》りたいかを考《かんが》えれば、フォロースルーの方向《ほうこう》もわかります。

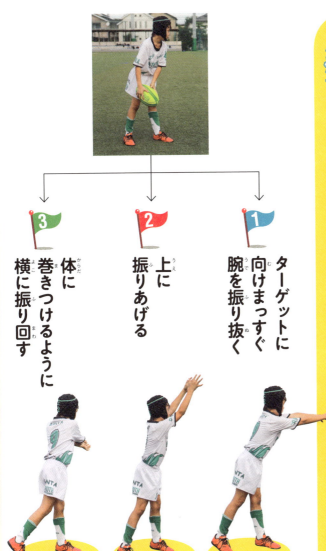

33の答《こた》え ▶ 1 ターゲットに向《む》け まっすぐ腕《うで》を振《ふ》り抜《ぬ》く

なんで

ボールの軌道《きどう》が ターゲットに向《む》かって安定《あんてい》するから

パスを投《な》げる瞬間《しゅんかん》から放《ほう》ったあとの手《て》の動《うご》きを、「フォロースルー」といいます。ターゲットに向《む》かってしっかり腕《うで》を振《ふ》り抜《ぬ》くことで、ボールがまっすぐターゲットの方向《ほうこう》へ飛《と》んでいきます。

またフォロースルーには、ボールに推進力《すいしんりょく》を与《あた》える効果《こうか》もあります。最後《さいご》まで腕《うで》をのばしきらないような、いわゆる「手投《てな》げ」のパスでは、ボールに勢《いきお》いがつかないため、パスがのびません。最後《さいご》にきちんとフォロースルーができているパスは、糸《いと》を引《ひ》くようにボールがのびていきます。

正確《せいかく》で、安定《あんてい》した軌道《きどう》のパスを投《な》げるために、正《ただ》しいフォロースルーをつねに意識《いしき》しましょう。

体《からだ》に巻《ま》きつける

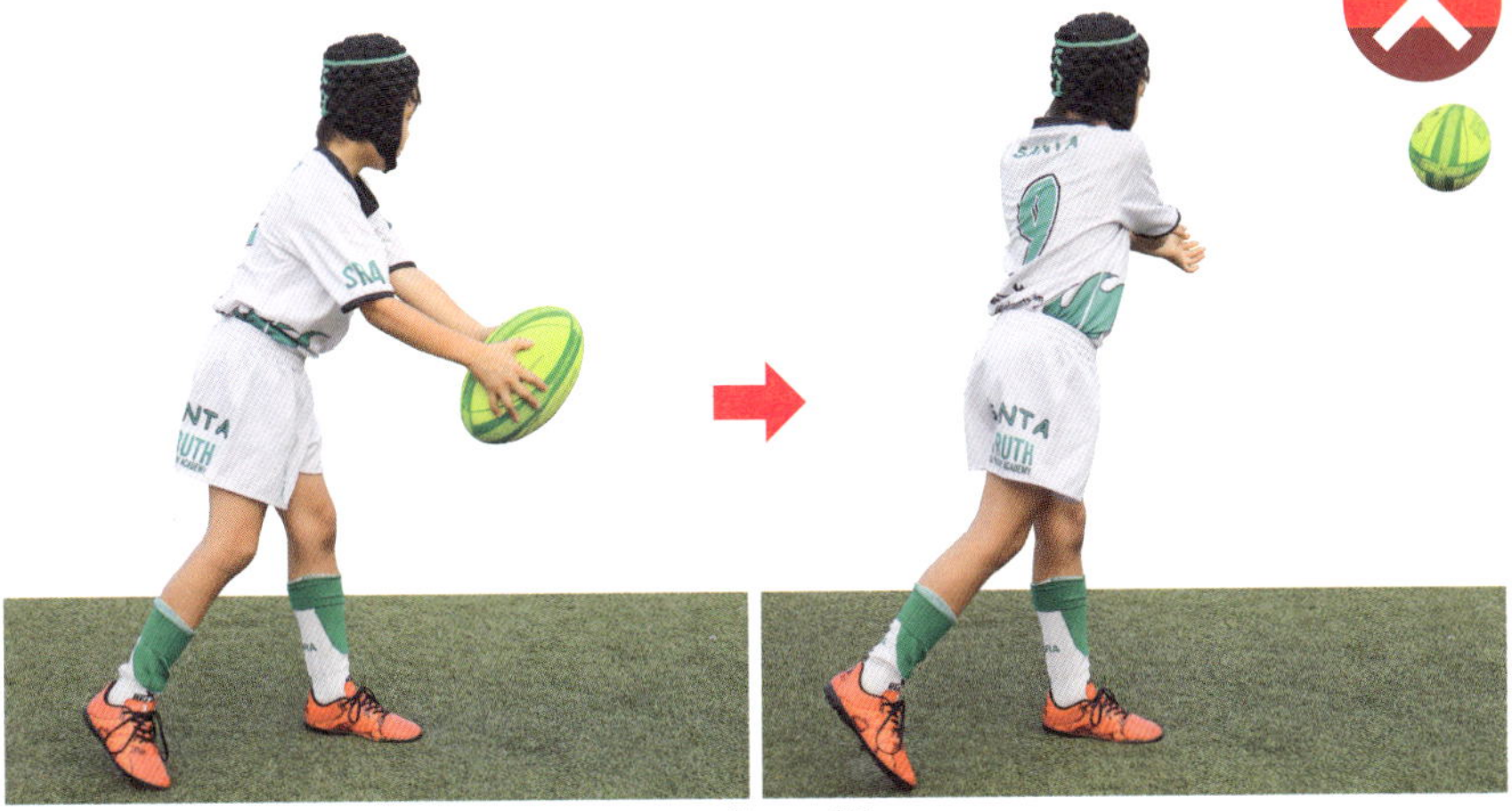

▲体《からだ》に巻《ま》きつけるように腕《うで》を振《ふ》るとボールは後《うし》ろに流《なが》れてしまう

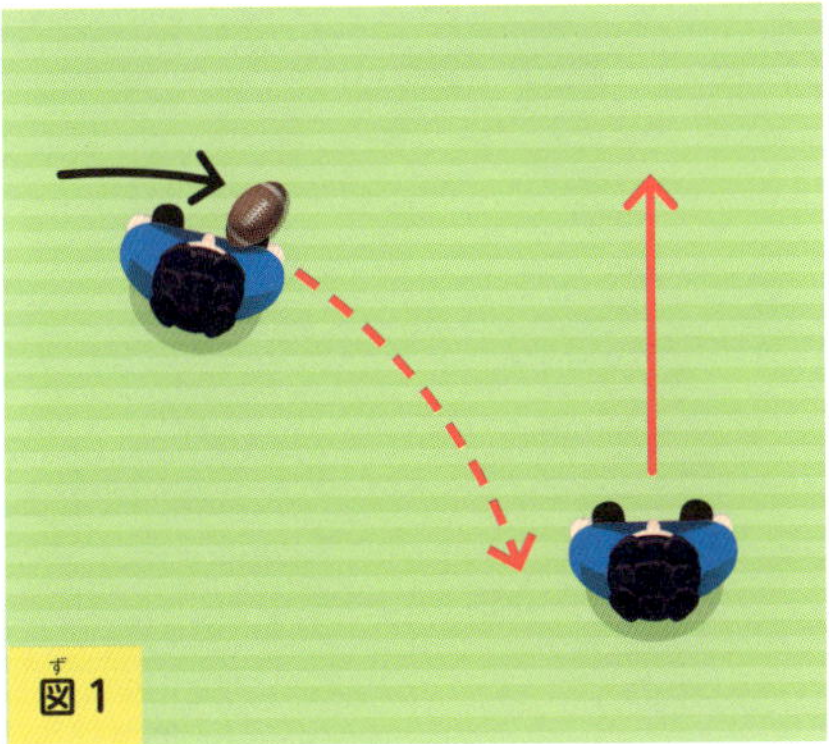

図《ず》1

体《からだ》に巻《ま》きつくようなフォロースルーはパスが後《うし》ろに流《なが》れる

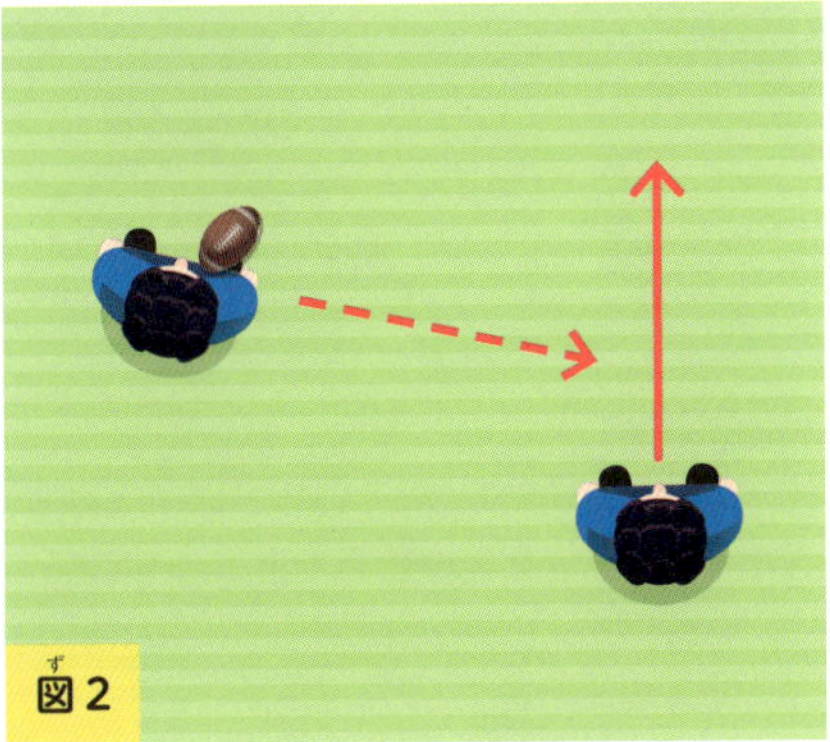

図《ず》2

まっすぐなフォロースルーはパスもまっすぐに飛《と》んでいく

これ知《し》ってる？ ボールはフォロースルーの方向《ほうこう》へ飛《と》んでいく

パスを投《な》げたあとのボールは、フォロースルーの方向《ほうこう》へ飛《と》んでいきます。ありがちなのは体《からだ》に巻《ま》きつけるように横方向《よこほうこう》へ腕《うで》を振《ふ》り回《まわ》すフォロースルーで、これだと投《な》げられたボールは受《う》け手《て》の後《うし》ろへ流《なが》れてしまいます（図《ず》1）。試合《しあい》では、そのように受《う》け手《て》の前《まえ》ではなく後《うし》ろにパスがきたためエラーが起《お》こるシーンを、よく見《み》かけます。

まっすぐに振《ふ》り抜《ぬ》くフォロースルーをすれば、ボールは流《なが》れることなく一直線《いっちょくせん》にターゲットに向《む》かって飛《と》んでいきます（図《ず》2）。投《な》げたあとの手《て》の向《む》きがどうなっているかに、普段《ふだん》のプレー中《ちゅう》から注意《ちゅうい》してみるといいと思《おも》います。

▲オールブラックスの選手《せんしゅ》のフォロースルーに注目《ちゅうもく》

PO!NT

パスのきほんの徹底《てってい》が、ニュージーランド代表《だいひょう》のすごさ

手元《てもと》で沈《しず》む「おじぎパス」は受《う》け手《て》がキャッチしにくいパスの代表的《だいひょうてき》な例《れい》ですが、フォロースルーをしっかりすると、最後《さいご》までのびるパスになります。特《とく》に小学生年代《しょうがくせいねんだい》は手首《てくび》の力《ちから》が弱《よわ》いので、腕全体《うでぜんたい》を振《ふ》り抜《ぬ》いて勢《いきお》いをつけるといいでしょう。『ハンズアップ』『アーリーキャッチ』『ストレートラン』『フォロースルー』の4つは、キャッチしてからパスを投《な》げるまでの最重要《さいじゅうよう》ポイントです。

現在世界一《げんざいせかいいち》のチームであるニュージーランド代表《だいひょう》のすごいところがまさにこの部分《ぶぶん》で、どの選手《せんしゅ》を見《み》ても、どんなときでもこの一連《いちれん》の動《うご》きを当《あ》たり前《まえ》のようにやっています。目立《めだ》たない部分《ぶぶん》なので見逃《みのが》されやすく、練習《れんしゅう》でもつい次《つぎ》の段階《だんかい》のプレーに進《すす》みたくなるものですが、この4つができてこそ次《つぎ》のプレーが生《い》きてきます。小《しょう》、中学生《ちゅうがくせい》年代《ねんだい》のうちに、しっかりと身《み》につけるようにしましょう。

問題《もんだい》34 上級《じょうきゅう》

パスを投《な》げたあとはどうすればいい？

1. ひと休《やす》みする
2. そのまま前進《ぜんしん》して相手《あいて》のじゃまをする
3. パスを受《う》けた選手《せんしゅ》をフォローする
4. ボールの動《うご》きを目《め》で追《お》いかける

ヒント
hint

ひとつのプレーで終《お》わらず、プレーを連続《れんぞく》して行《おこな》えるのが、いいラグビー選手《せんしゅ》になるための条件《じょうけん》です。

答《こた》えがわかったらページをめくってね

34の答《こた》え

3

パスを受《う》けた選手《せんしゅ》をフォローする

なんで

もう一度《いちど》パスを受《う》けたり、素早《すばや》くサポートしたりできるから

ラグビーでは、ボールより前《まえ》にいる選手《せんしゅ》はプレーすることができません。パスを投《な》げた選手《せんしゅ》はすぐに、パスを受《う》けた選手《せんしゅ》の後方《こうほう》についてサポートするようにしましょう。そうすれば、もう一度《いちど》パスを受《う》けたり、その選手《せんしゅ》がつかまったときに素早《すばや》くサポートすることができます。ラグビーで大切《たいせつ》なのは、「ひとつのプレーで終《お》わらないこと」です。パスを投《な》げたあとにパスを受《う》けた選手《せんしゅ》をサポートしたり、タックルをしたらすぐに起《お》き上《あ》がって次《つぎ》のディフェンスに備《そな》えたり、プレーを連続《れんぞく》して行《おこな》えることが、いい選手《せんしゅ》の条件《じょうけん》といえます。

問題《もんだい》35 上級《じょうきゅう》

パスの軌道《きどう》がずれてボールが地面《じめん》にバウンドしたときはどうする？

ラグビーはボールがどこにはねるかわからないよ

1. ミスだからあきらめる
2. ひろってプレーを続《つづ》ける
3. レフリーの顔《かお》を見《み》て確認《かくにん》する
4. パスをした選手《せんしゅ》に文句《もんく》をいう

＼ヒント／
hint

ボールがバウンドしただけでは、反則《はんそく》にはなりません。かえってチャンスになるときもあります。

答《こた》えがわかったらページをめくってね

35の答《こた》え

2

ひろってプレーを続《つづ》ける

なんで

スローフォワードやノックオンでない限《かぎ》り、プレーは続《つづ》くから

パスに関係《かんけい》する反則《はんそく》には、ボールを自分《じぶん》より前《まえ》に投《な》げる「スローフォワード」や、ボールをキャッチしそこねて前《まえ》に落《お》とす「ノックオン」などがあります。これは軽《かる》い反則《はんそく》で、相手《あいて》ボールのスクラムになります。勘違《かんちが》いしやすいのですが、パスがうまくつながらず地面《じめん》に転《ころ》がったりしても、スローフォワードやノックオンでなければ、プレーは続《つづ》きます。そこで反応《はんのう》よくボールをひろって攻《せ》めると、ミスだと思《おも》って相手《あいて》の気《き》が緩《ゆる》んでいるため、思《おも》わぬチャンスになる場合《ばあい》もあります。レフリーの笛《ふえ》が鳴《な》るまでプレーは続《つづ》きますから、自分《じぶん》で勝手《かって》に判断《はんだん》してやめるのではなく、逆《ぎゃく》にチャンスだと思《おも》って攻《せ》める意識《いしき》を持《も》つようにしましょう。

第《だい》5章《しょう》

ナイスタックルがしたい！

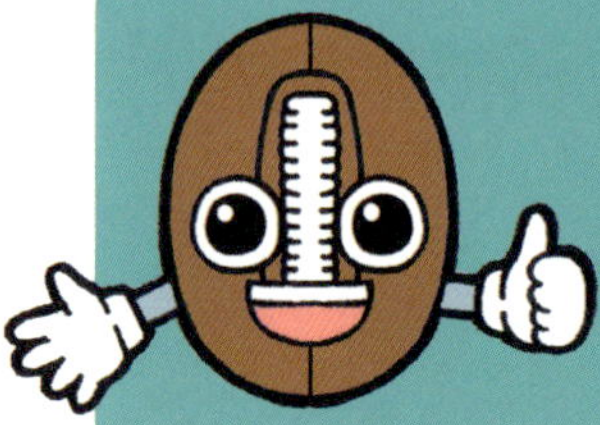

タックルは
ラグビーの華《はな》！

タックルは運動神経《うんどうしんけい》とは別物《べつもの》

　タックルは、トライと並《なら》んで「ラグビーの華《はな》」といわれるプレーです。相手《あいて》を仰向《あおむ》けに倒《たお》すビッグタックルは、トライ以上《いじょう》に観客《かんきゃく》をわかせることもあります。1本《いっぽん》のタックルが試合《しあい》を左《さ》右《ゆう》すると考《かんが》えれば、ラグビーの最高《さいこう》のプレーともいえるでしょう。ラグビーを知《し》るほど、「いいタックルをしたい！」という気持《きも》ちが強《つよ》くなると思《おも》います。

　子《こ》どもを指導《しどう》して思《おも》うのは、「タックルは運動神経《うんどうしんけい》とは別物《べつもの》」ということです。サッカーが上手《じょうず》な子《こ》でも、タックルはまったくダメ、というケースはよくあります。逆《ぎゃく》に足《あし》が遅《おそ》くてボールの扱《あつか》いも苦手《にがて》だけど、タックルだけはチームで一番強《いちばんつよ》い、という子《こ》もよくいます。きほん的《てき》な運動能力《うんどうのうりょく》は必要《ひつよう》ですが、それ以外《いがい》の部分《ぶぶん》も大事《だいじ》というところに、タックルの奥深《おくぶか》さがあります。

　だれでも最初《さいしょ》のうちは、タックルに入《はい》るのは怖《こわ》いものです。全力《ぜんりょく》で走《はし》ってくる相手《あいて》に体《からだ》をぶつけるわけですから、怖《こわ》くて当然《とうぜん》です。ケガをするケースも少《すく》なくありません。だからこそしっかりとした技術《ぎじゅつ》を身《み》につけ、練習《れんしゅう》を繰《く》り返《かえ》す必要《ひつよう》があります。

　タックルは気合《きあ》いなど精神的《せいしんてき》な部分《ぶぶん》も重要《じゅうよう》ですが、正《ただ》しい技術《ぎじゅつ》や動作《どうさ》を身《み》につけないまま気持《きも》ちだけでやろうとすると、大《おお》ケガにつながります。危険《きけん》をともなうプレーということを認識《にんしき》し、正《ただ》しい技術《ぎじゅつ》を身《み》につけ、練習《れんしゅう》を通《とお》して徐々《じょじょ》にできるようになっていくことが上達《じょうたつ》の近道《ちかみち》です。特《とく》に、心《こころ》も体《からだ》も発達途上《はったつとじょう》の小学生年《しょうがくせいねん》代《だい》は、「段階《だんかい》を経《へ》てできるようにしていく」ことを徹底《てってい》してほしいと思《おも》います。

いいタックルがチームを勢《いきお》いづける

　そうしたことをふまえたうえで、試合《しあい》でいいタックルをするためのコツをあげれば、「自分《じぶん》のところに来《こ》い！」と意識《いしき》しながら守《まも》ることです。思《おも》わぬところから相手《あいて》が突《つ》っ込《こ》んできたら、必然的《ひつぜんてき》に受《う》け身《み》のタックルになります。逆《ぎゃく》に自分《じぶん》からタックルしにいく意識《いしき》を持《も》っていると、自分《じぶん》の間合《まあ》いでタックルすることができます。また、「だれか止《と》めてくれないかな」ではなく、「絶対自分《ぜったいじぶん》が止《と》めてやる！」という気持《きも》ちを持《も》つことも大切《たいせつ》です。いいタックルで相手《あいて》を倒《たお》すと、仲間《なかま》も勇気《ゆうき》が湧《わ》いて、チーム全体《ぜんたい》が勢《いきお》いづきます。簡単《かんたん》にタックルを外《はず》されると、ピンチになるだけでなく、チームの雰囲気《ふんいき》まで悪《わる》くなります。

　怖《こわ》くて危険《きけん》をともなうプレーだからこそ、勇気《ゆうき》を持《も》って立《た》ち向《む》かいタックルを決《き》めたときは、大《おお》きな充実《じゅうじつ》感《かん》があります。恐怖心《きょうふしん》を克《こく》服《ふく》して一歩《いっぽ》を踏《ふ》み出《だ》した経験《けいけん》は、ラグビー以外《いがい》の分《ぶん》野《や》でも大《おお》きな財産《ざいさん》となるでしょう。そもそもラグビーではタックルが欠《か》かせませんし、タックルの悪《わる》い試合《しあい》にいい試合《しあい》はありません。お互《たが》いが勇敢《ゆうかん》にタックルし、はげしい攻防《こうぼう》が繰《く》り広《ひろ》げられるからこそ、観《み》ている人《ひと》も心《こころ》を動《うご》かされます。

　タックルは、ラグビーの魅力《みりょく》がつまったプレーなのです。

問題《もんだい》

36

中級《ちゅうきゅう》

痛《いた》くないタックルのコツは？

3 相手《あいて》の上《うえ》に乗《の》るように倒《たお》れる

＼ヒント／

hint

正《ただ》しい技術《ぎじゅつ》を身《み》につけることで、タックルによるケガを予防《よぼう》できます。もっとも意識《いしき》しなければならないのは、頭部《とうぶ》を守《まも》ることです。

1 気《き》合《あ》いを入《い》れる

2 相手《あいて》の下《した》になるように倒《たお》れる

答《こた》えがわかったらページをめくってね

36の答《こた》え

▼ 3

相手《あいて》の上《うえ》に乗《の》るように倒《たお》れる

▲進行方向《しんこうほうこう》と反対側《はんたいがわ》に入《はい》ると倒《たお》れたときに頭《あたま》が上《うえ》になる

▲進行方向《しんこうほうこう》に頭《あたま》を入《い》れると倒《たお》れたときに頭《あたま》をはさまれるため危険《きけん》

なんで

頭《あたま》が相手《あいて》の上《うえ》になるように倒《たお》れることで、重傷事故《じゅうしょうじこ》を防《ふせ》ぐため

相手《あいて》の進行方向《しんこうほうこう》に頭《あたま》を入《い》れてタックルすることを「逆《ぎゃく》ヘッド」といいますが、これは倒《たお》れたときに相手《あいて》と地面《じめん》との間《あいだ》に頭《あたま》がはさまれるため、非常《ひじょう》に危険《きけん》です。絶対《ぜったい》に相手《あいて》の進行方向《しんこうほうこう》と反対側《はんたいがわ》に頭《あたま》を入《い》れ、倒《たお》れたときに頭《あたま》が相手《あいて》の上《うえ》になるようにしましょう。この点《てん》について、特《とく》に小学生年代《しょうがくせいねんだい》では、「倒《たお》したときに相手《あいて》の上《うえ》に乗《の》ること」を意識《いしき》させるといいでしょう。“倒《たお》す”という意識《いしき》だけが強《つよ》すぎると、強引《ごういん》にタックルしようとして逆《ぎゃく》ヘッドになることがよくあります。「相手《あいて》の腰《こし》に肩《かた》を当《あ》てながら両腕《りょううで》を締《し》めて相手《あいて》の足《あし》をバインドし、腕《うで》を引《ひ》きつけながらテコの原理《げんり》を使《つか》って倒《たお》す」というのがタックルのきほんですが、実際《じっさい》の試合《しあい》ではなかなかその通《とお》りにはいきません。「相手《あいて》の上《うえ》に乗《の》る」という意識《いしき》でタックルすると、自然《しぜん》といい形《かたち》になると思《おも》います。

問題《もんだい》
37
中級《ちゅうきゅう》

タックルに入《はい》る際《さい》の姿勢《しせい》のポイントは？ ○×で答《こた》えましょう。

1 顔《かお》をあげる　○ or ×

2 ヒザをのばす　○ or ×

3 背中《せなか》を丸《まる》める　○ or ×

＼ヒント／
hint

危険《きけん》を避《さ》けることを前提《ぜんてい》に、相手《あいて》の芯《しん》にヒットし、押《お》し込《こ》む力《ちから》をしっかりと相手《あいて》に伝《つた》えて倒《たお》すのがいいタックルです。そのために必要《ひつよう》な要素《ようそ》を考《かんが》えてみましょう。

37の答《こた》え

1 ○

2 ×

3 ×

POINT

相手《あいて》をよく見《み》て、頭《あたま》をあげ、低《ひく》い姿勢《しせい》から力《ちから》を伝《つた》える

タックルをする際《さい》の最初《さいしょ》のポイントは、「相手《あいて》をよく見《み》ること」です。相手《あいて》から目《め》をはなすと、ステップでかわされたり、芯《しん》をずらされたりしやすくなります。顔《かお》をあげ、最後《さいご》まで目《め》をつぶらずターゲットを見《み》ることが、いいタックルの第一歩《だいいっぽ》です。これができれば、自然《しぜん》と頭《あたま》がさがってケガをする危険性《きけんせい》もなくなります。

またヒザをまげて腰《こし》を落《お》とすことで、肩《かた》の高《たか》さがちょうど相手《あいて》の腰《こし》から太《ふと》ももの部《ぶ》分《ぶん》（タックルに入《はい》るきほんの位置《いち》）になります。背中《せなか》がまがってしまうと軸《じく》がブレて力《ちから》が伝《つた》わらないので、背中《せなか》をまっすぐのばすことも意識《いしき》しましょう。

背中《せなか》をまっすぐのばす
しっかりと
ヒザをまげて
腰《こし》を落《お》とす

トライ! 相手《あいて》に体《からだ》を密着《みっちゃく》させることから始《はじ》めよう

タックルに慣《な》れないうちは、体《からだ》を当《あ》てられず手《て》でつかまえて相手《あいて》を振《ふ》り回《まわ》すケースがよくあります。これは、振《ふ》り回《まわ》すほうも振《ふ》り回《まわ》されるほうも大変危険《たいへんきけん》ですし、試合《しあい》でやれば当然《とうぜん》ペナルティになります。絶対《ぜったい》にしないようにしましょう。なおタックルは相手《あいて》の腰《こし》から太《ふと》ももの部分《ぶぶん》に肩《かた》を当《あ》てる「ロータックル」が理想《りそう》ですが、最初《さいしょ》は怖《こわ》くてできませんし、低《ひく》さばかり意識《いしき》すると、頭《あたま》がさがってしまいます。ラグビーをはじめたばかりの段階《だんかい》では、まず「相手《あいて》に抱《だ》きついて動《うご》きを止《と》める」ことからスタートし、「体《からだ》を密着《みっちゃく》させることが安全《あんぜん》なのだ」ということを理解《りかい》するのがといいと思《おも》います。

コラム

子《こ》どもはタックルをやってみたい

私《わたし》は、ラグビーを「ボールゲーム」だととらえています。そして、バスケットボールやハンドボールのようにボールを持《も》ったときの歩数制限《ほすうせいげん》がなく、自由《じゆう》に走《はし》っていい、という点《てん》が、ラグビーの一番《いちばん》の魅力《みりょく》だと考《かんが》えています。

小学生《しょうがくせい》の子《こ》どもたちに指導《しどう》する際《さい》、まずボールゲームの要素《ようそ》を教《おし》えるためにタッチフット（タックルではなくタッチで行《おこな》うラグビー）をさせようとしたことがありました。ところが子《こ》どもたちに「何《なに》がやりたい？」と聞《き》くと、みんな「とにかくタックルがしたい！」といいます。これはおどろきでした。

自分《じぶん》が子《こ》どもの頃《ころ》を思《おも》い出《だ》すと、友《とも》だちと相撲《すもう》やプロレスごっこなどをよくやっていました。おそらく子《こ》どもは、本来《ほんらい》そういうじゃれ合《あ》うことが好《す》きなのでしょう。「タックル」というと大人《おとな》はどうしても構《かま》えてしまいますが、子どもは意外《いがい》に抵抗感《ていこうかん》がないし、やってみたいのだと思《おも》います。

もちろんタックルは危険《きけん》なプレーですし、絶対《ぜったい》に正《ただ》しい技術《ぎじゅつ》を身《み》につける必要《ひつよう》があります。一方《いっぽう》でラグビーがいいのは、「これは危険《きけん》なことなんだよ」というものを教《おし》えられることです。日常生活《にちじょうせいかつ》ではどれほど口《くち》すっぱくいっても伝《つた》わりづらいことですが、実際《じっさい》に自分《じぶん》の身《み》が危《あぶ》ないと感《かん》じると、子《こ》どもは真剣《しんけん》に話《はなし》を聞《き》くものです。

タックルには、するほうもされるほうも体《からだ》を守《まも》るために必要《ひつよう》な技術《ぎじゅつ》があります。タックルを通《つう》じて、どうなったら危《あぶ》ないか、またそうならないための身《み》のこなしかたを学《まな》び、実際《じっさい》に経験《けいけん》していけることも、ラグビーをする大《おお》きな意義《いぎ》といえるかもしれません。

問題《もんだい》 38
中級《ちゅうきゅう》

相手《あいて》のどこを見《み》てタックルする？

1 顔《かお》の表情《ひょうじょう》

2 短《たん》パン

3 足《あし》の動《うご》き

＼ヒント／
hint

相手《あいて》はタックルされないよう、さまざまな動《うご》きでかわそうとします。それに惑《まど》わされないためには、どこを見《み》ればいいかを考《かんが》えてください。

38の答《こた》え ▶ 2 短《たん》パン

なんで

体《からだ》のなかで一番動《いちばんうご》かない部分《ぶぶん》だから

　タックルに入《はい》る際《さい》は、相手《あいて》の短《たん》パンを見《み》るといいでしょう。「腰《こし》」は人間《にんげん》の体《からだ》のなかでも要《かなめ》となる部分《ぶぶん》で、ステップをふんでも一番動《いちばんうご》かない場所《ばしょ》です。逆《ぎゃく》に顔《かお》や手足《てあし》は走《はし》りながらでも自由《じゆう》に動《うご》かせるため、そこを見《み》ているとフェイントにつられやすくなります。しっかりと腰《こし》を落《お》として短《たん》パンに肩《かた》を当《あ》てると、自然《しぜん》といい姿勢《しせい》でタックルに入《はい》ることにもつながります。

問題《もんだい》 39 上級《じょうきゅう》

タッチラインまで5メートルの場所《ばしょ》で1対《たい》1の状況《じょうきょう》になりました。防御側《ぼうぎょがわ》のあなたはどうやって相手《あいて》を追《お》い込《こ》みますか？

1. 相手《あいて》の正面《しょうめん》に立《た》って
まっすぐ追《お》い込《こ》む

2. 相手《あいて》よりやや内側《うちがわ》に立《た》ち、
タッチラインへ
押《お》し出《だ》すように追《お》い込《こ》む

3. 相手《あいて》がくるまで
その場《ば》で待《ま》っている

＼ヒント／
hint

相手《あいて》が動《うご》ける方向《ほうこう》が多《おお》いほど、守《まも》らなければならないスペースが増《ふ》えます。いいタックルをするためには、相手《あいて》の動《うご》ける方向《ほうこう》を限定《げんてい》させることがポイントになります。

答《こた》えがわかったらページをめくってね

39の答《こた》え ▶ 2 相手《あいて》よりやや内側《うちがわ》に立《た》ち、タッチラインへ押《お》し出《だ》すように追《お》い込《こ》む

なんで

どんな選手《せんしゅ》もタッチラインより外《そと》へは走《はし》れないから

この状況《じょうきょう》では、少《すこ》し内側《うちがわ》に立《た》って相手《あいて》がタッチライン方向《ほうこう》にしか走《はし》れないように追《お》い込《こ》むのが、きほん的《てき》な守《まも》りかたになります。どんなに強《つよ》く足《あし》の速《はや》い選手《せんしゅ》でも、タッチラインの外《そと》へは走《はし》れません。タッチラインをこえた瞬間《しゅんかん》に、相手《あいて》ボールのラインアウトになります。ですからタッチラインが近《ちか》づくと、相手《あいて》はどこかで内《うち》に切《き》れ込《こ》もうとしてきます。そこで内側《うちがわ》から押《お》し出《だ》すように守《まも》れば、タッチラインを味方《みかた》にしながら相手《あいて》を追《お》い込《こ》んでタックルすることができます。ラグビーは限《かぎ》られたグラウンドで行《おこな》うスポーツですから、タッチラインを上手《じょうず》に使《つか》えるようになると、プレーの質《しつ》が大《おお》きく向《こう》上《じょう》します。

POINT

攻《せ》める方向《ほうこう》を限定《げんてい》させよう

相手《あいて》を追《お》い込《こ》む際《さい》のきほん的《てき》なポイントは、「攻《せ》める方向《ほうこう》を限定《げんてい》させる」ということです。真正面《ましょうめん》で向《む》き合《あ》って左右《さゆう》どちらにも走《はし》れる状況《じょうきょう》は、攻撃側《こうげきがわ》にとって非常《ひじょう》に有《ゆう》利《り》です。また動《うご》いている相手《あいて》に対《たい》して止《と》まった状態《じょうたい》で守《まも》ると、スピードで振《ふ》り切《き》られてしまいます。タッチラインや味方《みかた》の選《せん》手《しゅ》を使《つか》って左右《さゆう》どちらかしか攻《せ》められない状況《じょうきょう》をつくれば、ひとつの方向《ほうこう》だけを守《まも》ればいいので、タックルしやすくなります。

問題《もんだい》

40

中級《ちゅうきゅう》

どうすればタックルが怖《こわ》くなくなる？

1 自分《じぶん》から前《まえ》に出《で》る

2 待《ま》ち構《かま》えてタックルする

3 できるだけタックルしないようボールから遠《とお》ざかる

ヒント
hint

相手《あいて》の勢《いきお》いがつけばつくほど、タックルしにくくなります。相手《あいて》の勢《いきお》いがつく前《まえ》に入《はい》るのがポイントです。

 答《こた》えがわかったらページをめくってね

40の答《こた》え

1 自分《じぶん》から前《まえ》に出《で》る

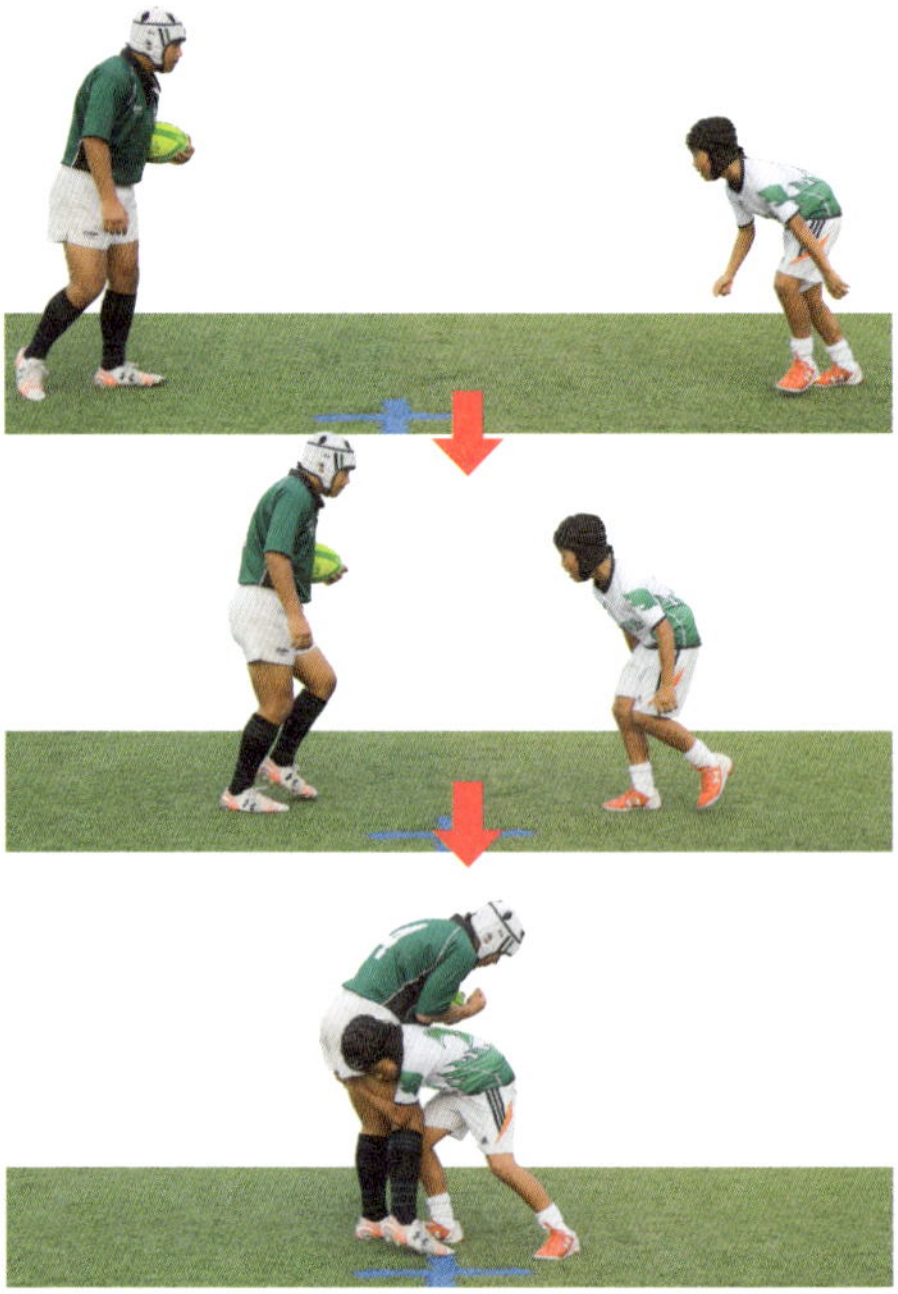

なんで

自分《じぶん》の間合《まあ》いで入《はい》れば、有利《ゆうり》な状態《じょうたい》でタックルできるから

タックルするときはだれしも怖《こわ》さを感《かん》じるものですが、それを少《すこ》しでも減《へ》らすためのポイントをあげるとすれば、相手《あいて》がくるのを待《ま》つのではなく、「自分《じぶん》から前《まえ》に出《で》てタックルする」ことです。待《ま》ってタックルすると、相手《あいて》はそのぶん勢《いきお》いをつけて得意《とくい》な当《あ》たりかたで当《あ》たることができます。一方《いっぽう》、前《まえ》に出《で》て自分《じぶん》の間合《まあ》いでタックルに入《はい》れば、相手《あいて》は勢《いきお》いを削《そ》がれますし、当《あ》たる体勢《たいせい》もとれないので、こちらの有利《ゆうり》な状態《じょうたい》でタックルすることができます。

POINT

タックルは痛《いた》い思《おも》いをするためのプレーではない

全力《ぜんりょく》で走《はし》ってくる人《ひと》にぶつかっていくことなど、日常生活《にちじょうせいかつ》ではまずありえません。当然《とうぜん》ながら大《おお》きな衝撃《しょうげき》を受《う》けますし、その怖《こわ》さに打《う》ち勝《か》つためには、自分《じぶん》を奮《ふる》い立《た》たせる必要《ひつよう》があります。ただ、タックルは痛《いた》い思《おも》いをするためのプレーではありません。相手《あいて》のボールを奪《うば》い返《かえ》して攻撃《こうげき》するためのプレーです。「タックルから攻撃《こうげき》するんだ」という意識《いしき》を持《も》つことが、恐怖心《きょうふしん》を克服《こくふく》する第一歩《だいいっぽ》です。

第《だい》6章《しょう》

ラグビー
ものしりクイズ

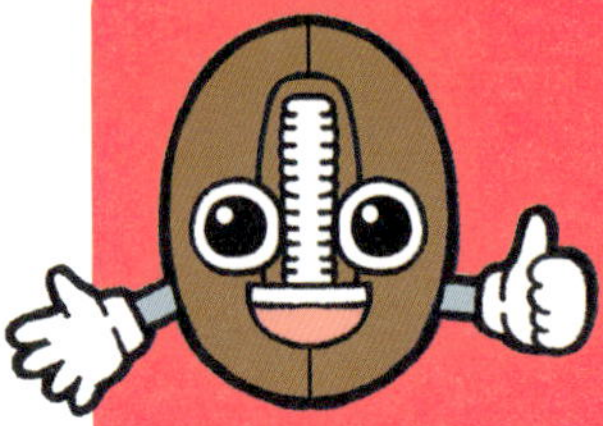

もっと ラグビーのことを 知《し》ろう

知《し》れば知《し》るほど楽《たの》しくなる！

野球《やきゅう》やサッカーに比《くら》べると、ラグビーは日本人《にほんじん》にとって馴染《なじ》みの薄《うす》いスポーツです。特《とく》に競技《きょうぎ》をはじめたばかりの小学生《しょうがくせい》のみなさんは、まだまだ知《し》らないことも多《おお》いでしょう。

第《だい》6章《しょう》では、ラグビーの成《な》り立《た》ちや歴史《れきし》、エピソード、海外《かいがい》と国内《こくない》の主《おも》な大会《たいかい》、さらにはラグビーをプレーするうえでの心構《こころがま》えなどについて紹介《しょうかい》していきます。

いろんなことを知《し》れば知《し》るほど、プレーの上達《じょうたつ》につながり、ラグビーが楽《たの》しくなっていくと思《おも》います。

問題《もんだい》 41
初級《しょきゅう》

ラグビーは、イギリスのある学校《がっこう》で生《う》まれたスポーツです。その学校《がっこう》の名前《なまえ》は？

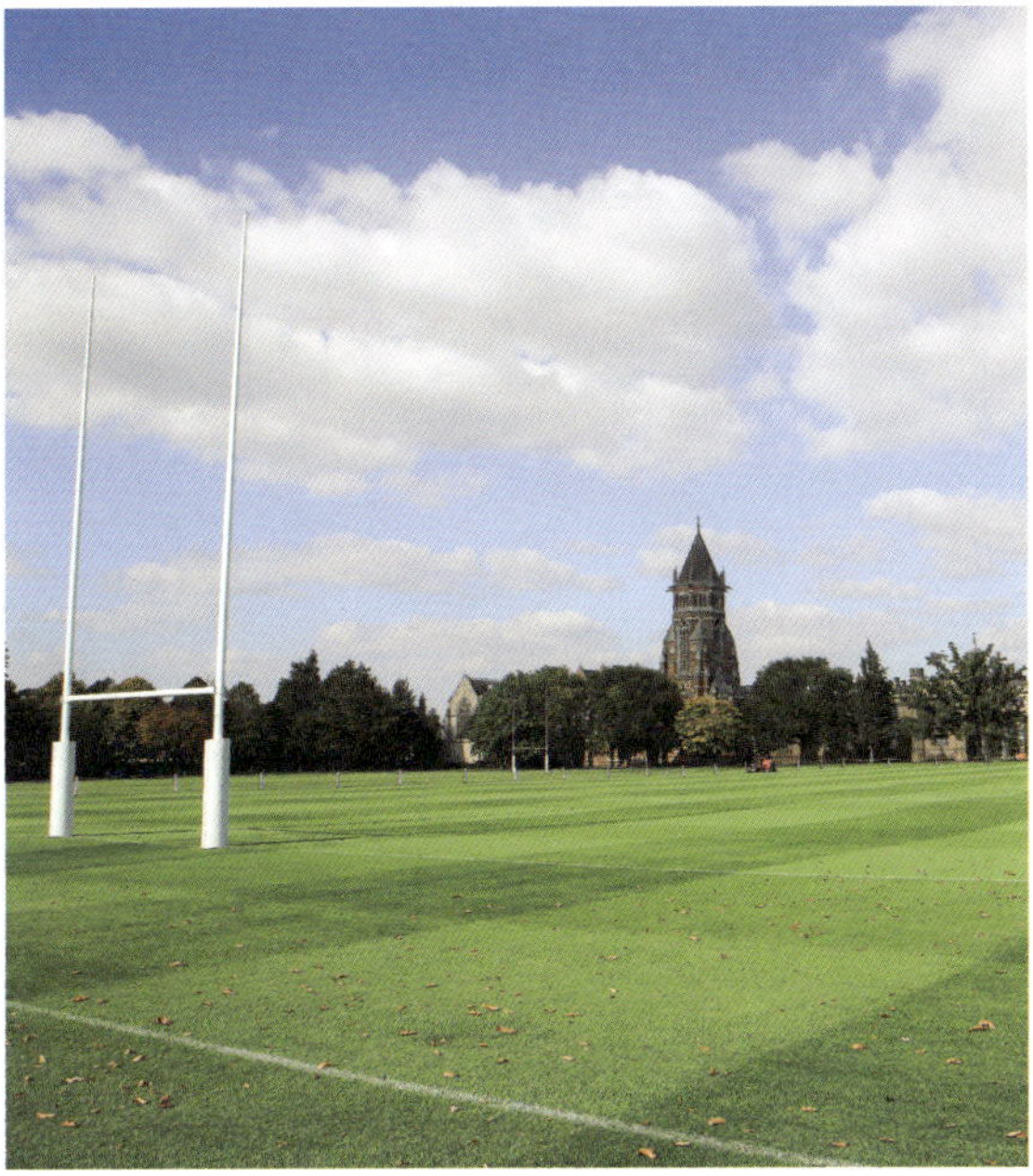

1 オックスフォード大学《だいがく》

2 ケンブリッジ大学《だいがく》

3 イートン校《こう》

4 ラグビー校《こう》

ヒント
hint

この学校《がっこう》の生徒《せいと》がボールを持《も》って走《はし》り出《だ》した――という有名《ゆうめい》なエピソードがあります。

41の答《こた》え ▶ 4 ラグビー校《こう》

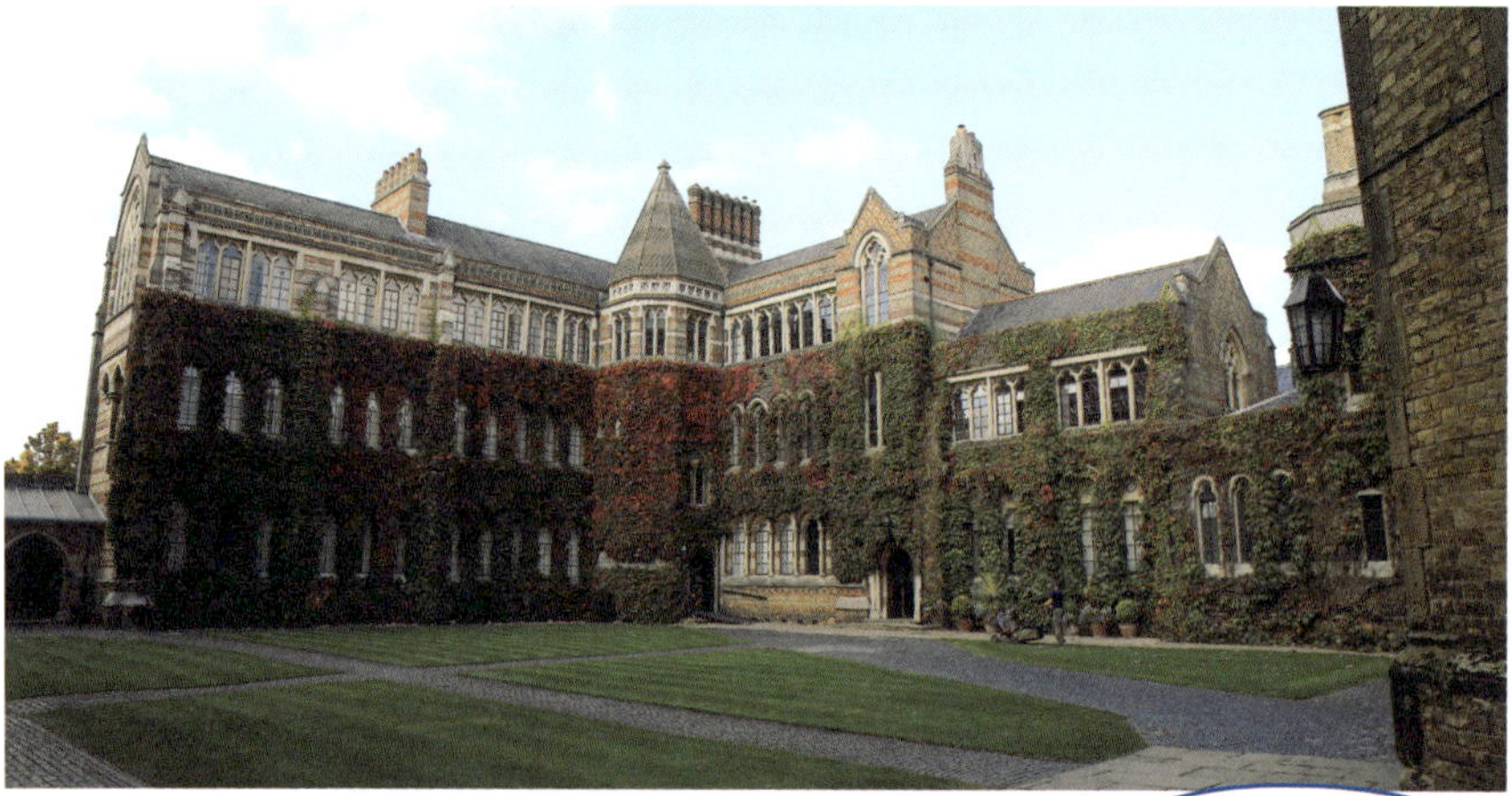

▲こちらがラグビー校《こう》

▲案内板《あんないばん》に「RUGBY SCHOOL」の文字《もじ》が見《み》える

なんで

ラグビー校《こう》のフットボールがラグビーの原型《げんけい》

ラグビー発祥《はっしょう》の地《ち》であるイギリスでは、かつて街《まち》や学校《がっこう》ごとに、独自《どくじ》のルールで「フットボール」というスポーツが行《おこな》われていました。そのうち、ロンドンの北西約《ほくせいやく》140キロメートルの場所《ばしょ》にある「ラグビー校《こう》」というパブリックスクールで行《おこな》われていたフットボールが原型《げんけい》となり、ラグビーという競技《きょうぎ》が生《う》まれました。

問題《もんだい》42

中級《ちゅうきゅう》

ラグビーというスポーツがはじまった年《とし》は?

1. 1771年《ねん》
2. 1871年《ねん》
3. 1971年《ねん》

ヒント
hint

日本《にほん》ラグビーフットボール協会《きょうかい》ができたのは1926年《ねん》です。

問題《もんだい》43

中級《ちゅうきゅう》

次《つぎ》の言葉《ことば》はだれの言葉《ことば》でしょう?

「ラグビーは少年《しょうねん》を
いち早《はや》く男《おとこ》にして、
男《おとこ》に永遠《えいえん》に
少年《しょうねん》の魂《たましい》を抱《いだ》かせる」

ヒント
hint

有名《ゆうめい》な選手《せんしゅ》の言葉《ことば》です。

42の答《こた》え ▼ 2 1871年《ねん》

なんで

きほん的《てき》なルールが完成《かんせい》した年《とし》

ラグビーの国際統括機関《こくさいとうかつきかん》であるワールドラグビーは、ほぼ現在《げんざい》のような形《かたち》として競技《きょうぎ》が完成《かんせい》した1871年《ねん》を、ラグビー誕生《たんじょう》の年《とし》と定《さだ》めています。

これ知《し》ってる? エリス少年伝説《しょうねんでんせつ》について

ちなみに日本《にほん》では、「ラグビー校《こう》のウィリアム・ウェッブ・エリスという少年《しょうねん》が、サッカーの試合中《しあいちゅう》に突然《とつぜん》ボールを持《も》って走《はし》り出《だ》した」というエピソードが有名《ゆうめい》で、それがラグビーの起源《きげん》であるという認識《にんしき》が一般的《いっぱんてき》です。しかし当時《とうじ》行《おこな》われていたのはサッカーではなく、手《て》でボールを扱《あつか》ってもいい「フットボール」であり、そのエピソードが実話《じつわ》である証《しょう》拠《こ》は、残念《ざんねん》ながら残《のこ》っていません。

このエピソードはエリス氏《し》が亡《な》くなったあとに持《も》ちあがったもので、ラグビーというスポーツを普及《ふきゅう》していくためにつくられたロマンティックなストーリーであるという説《せつ》が、世界的《せかいてき》には有力《ゆうりょく》とされています。

43の答《こた》え ▶ 元《もと》フランス代表《だいひょう》の主将《しゅしょう》、ジャン・ピエール・リーヴ

これ知《し》ってる? ラグビーの魅力《みりょく》を象徴《しょうちょう》する有名《ゆうめい》な言葉《ことば》

ジャン・ピエール・リーヴは1970年代《ねんだい》後半《こうはん》から1980年代《ねんだい》にかけて活躍《かつやく》した元《もと》フランス代表《だいひょう》のキャプテンです。当時《とうじ》178センチ、82キロと決《けっ》して体《からだ》は大《おお》きいほうではありませんでしたが、勇敢《ゆうかん》なプレーで世《せ》界最高峰《かいさいこうほう》のオープンサイドフランカーと評《ひょう》されました。彼《かれ》が残《のこ》した「ラグビーは少年《しょうねん》をいち早《はや》く男《おとこ》にして、男《おとこ》に永遠《えいえん》に少年《しょうねん》の魂《たましい》を抱《いだ》かせる」というメッセージは、テレビCMを通《とお》して日本中《にほんじゅう》に広《ひろ》まり、ラグビーの魅力《みりょく》を象徴《しょうちょう》する名文句《めいもんく》として今《いま》もさまざまな場面《ばめん》で使《つか》われています。

なおリーヴは引退後《いんたいご》、彫刻家《ちょうこくか》の道《みち》に進《すす》み、世界的《せかいてき》なアーティストとして活躍《かつやく》しています。

問題《もんだい》 44
中級《ちゅうきゅう》

ラグビーのグラウンドの大《おお》きさと近《ちか》いのは？

1. サッカーグラウンド 1 個《こ》
2. バレーボールコート 10 個《こ》
3. 50 mプール 100 個《こ》

44の答《こた》え ▶ 1 サッカーグラウンド1個《こ》

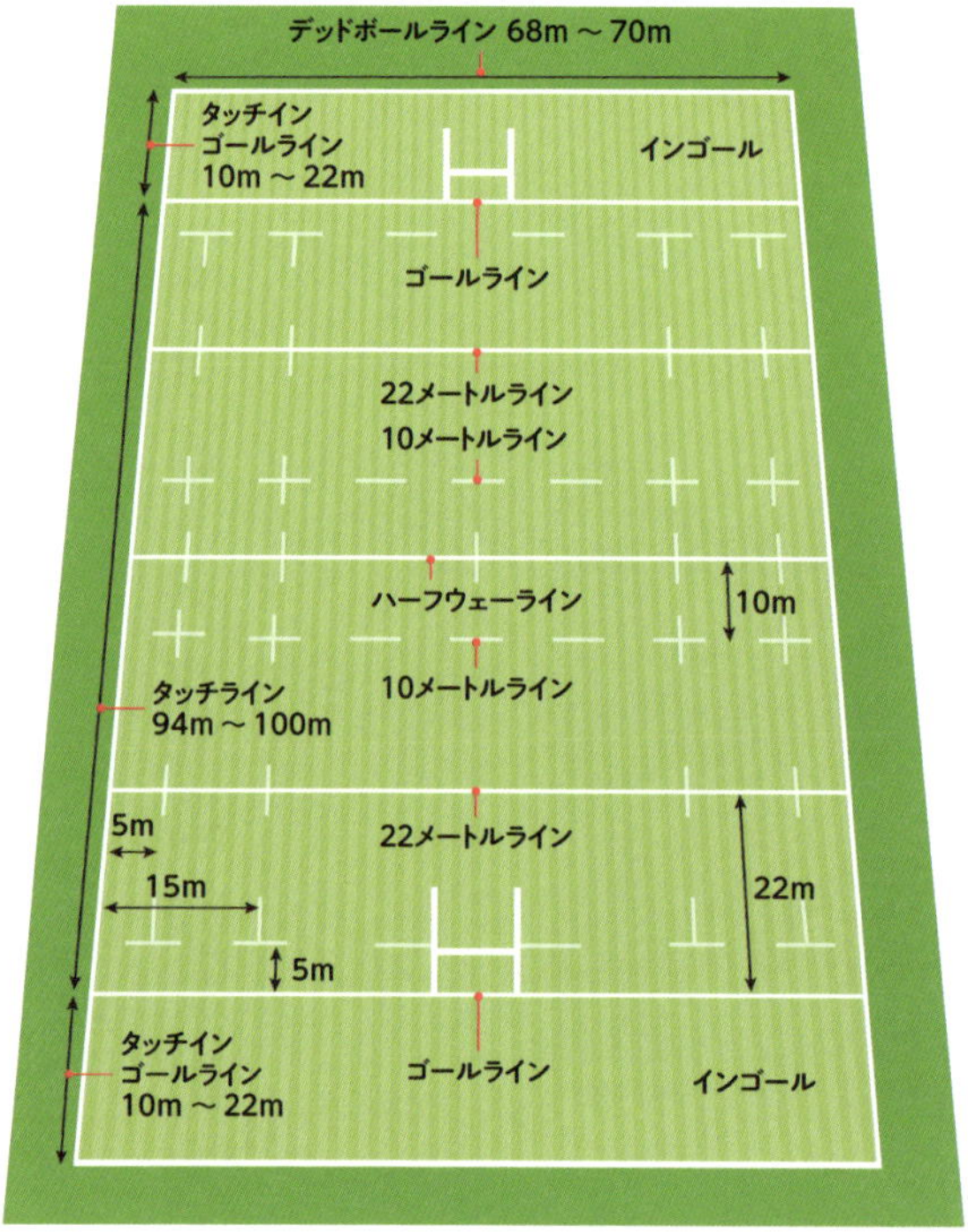

なんで

面積《めんせき》はともに約《やく》7000㎡

サッカー（国際試合《こくさいじあい》）は縦《たて》100～110m×横《よこ》64～74mで、ラグビー（中学生以上《ちゅうがくせいいじょう》）は、縦《たて》94～100m×横《よこ》68～70mで面積《めんせき》はともに約《やく》7000㎡。バレーボールコートは縦《たて》16m×横《よこ》8mなので10個分《こぶん》でも面積《めんせき》は1280㎡、50mプールは縦《たて》50m×横《よこ》25mなので100個分《こぶん》だと面積《めんせき》は125000㎡になります。なお、ミニラグビーのグラウンドサイズは以下《いか》の通《とお》りです。低学年《ていがくねん》（小学校《しょうがっこう》1・2年《ねん》）＝縦《たて》40m以内《いない》×横《よこ》28m以内《いない》、中学年《ちゅうがくねん》（小学校《しょうがっこう》3・4年《ねん》）＝縦《たて》60m以内《いない》×横《よこ》35m以内《いない》、高学年《こうがくねん》（小学校《しょうがっこう》5・6年《ねん》）＝縦《たて》60m以内《いない》×横《よこ》40m以内《いない》。

これ知《し》ってる？

グラウンドの大《おお》きさはプレーヤーの年代《ねんだい》によって変《か》わる

ラグビーのグラウンドは、中学生以上《ちゅうがくせいいじょう》の場合《ばあい》は縦《たて》の長《なが》さが94～100メートル、横《よこ》の長《なが》さが68～70メートルと決《き》められています。また小学生《しょうがくせい》の場合《ばあい》は低学年《ていがくねん》、中学年《ちゅうがくねん》、高学年《こうがくねん》の3つのカテゴリーごとに、グラウンドの大《おお》きさが異《こと》なります。

なお、ラグビーのグラウンドにはさまざまなラインが引《ひ》かれています。これらのラインは、競技《きょうぎ》を進《すす》めるうえでの基準《きじゅん》となるだけでなく、プレーを組《く》み立《た》てる際《さい》の目安《めやす》になる大切《たいせつ》な意味《いみ》がたくさんあります。こうしたラインの役割《やくわり》を意識《いしき》しながらプレーできるようになると、ラグビーが一段《いちだん》とおもしろくなり、上達《じょうたつ》も早《はや》くなります。

問題《もんだい》45
初級《しょきゅう》

よく耳《みみ》にする「ノーサイド」ってどういう意味《いみ》？

1 レフリーを意味《いみ》する言葉《ことば》

2 試合開始《しあいかいし》を意味《いみ》する言葉《ことば》

3 試合終了《しあいしゅうりょう》を意味《いみ》する言葉《ことば》

＼ヒント／
hint

「ノーサイドの笛《ふえ》が鳴《な》るまで」といった使《つか》われかたをします。

答《こた》えがわかったらページをめくってね

45の答《こた》え

▼

3

試合終了《しあいしゅうりょう》を意味《いみ》する言葉《ことば》

なんで

試合《しあい》が終《お》われば敵味方《てきみかた》なくなる

ノーサイドはラグビーの試合終了《しあいしゅうりょう》を意味《いみ》する言葉《ことば》で、「試合《しあい》が終《お》われば敵味方《てきみかた》なく健闘《けんとう》をたたえ合《あ》う」ということから使《つか》われるようになりました。厳《きび》しく、勇気《ゆうき》がなければできないスポーツだからこそ、ともに戦《たたか》った仲間《なかま》や相手《あいて》に対《たい》して尊敬《そんけい》の気持《きも》ちが生《う》まれます。そうしたラグビーの精神性《せいしんせい》を表《あらわ》す、すばらしい言葉《ことば》であるといえます。

問題《もんだい》 46

初級《しょきゅう》

ラグビーでよく使《つか》われる言葉《ことば》「ワン・フォー・○○○、○○○・フォー・ワン」○○○に入《はい》るカタカナ3文字《もじ》（同《おな》じ言葉《ことば》）は？

ラグビーはとても
チームワークが大事《だいじ》な
スポーツだよ

▲ラグビーは仲間《なかま》と力《ちから》を合《あ》わせてプレーする

1 オール

2 ラック

3 トライ

＼ヒント／
hint

元々《もともと》は映画《えいが》にもなった有名《ゆうめい》な物語《ものがたり》で登場《とうじょう》する言葉《ことば》です。

46の答《こた》え

1

オール

▲ひとりはみんなのために、みんなはひとりのために

なんで

世界《せかい》に誇《ほこ》れる日本《にほん》のラグビー文化《ぶんか》

「ワン・フォー・オール、オール・フォー・ワン」は「ひとりはみんなのために、みんなはひとりのために」という意味《いみ》で、チームのために自《じ》分《ぶん》を犠牲《ぎせい》にし、1人《ひとり》の選手《せんしゅ》のためにチーム全員《ぜんいん》がサポートするというラグビー精神《せいしん》を表《あらわ》す言葉《ことば》です。元々《もともと》はフランスの『三銃士《さんじゅうし》』という物語《ものがたり》のなかに登場《とうじょう》する言葉《ことば》で、ラグビーにぴったりなフレーズだったことから広《ひろ》まったと考《かんが》えられています。

ちなみに、「ノーサイド」「ワン・フォー・オール、オール・フォー・ワン」という2つの言葉《ことば》がラグビーで使《つか》われているのは、世界《せかい》でも日本《にほん》だけです。ラグビーの魅力《みりょく》、美徳《びとく》を表現《ひょうげん》するこれ以上《いじょう》ない言葉《ことば》であり、世界《せかい》に誇《ほこ》れる日本《にほん》のラグビー文化《ぶんか》といえるでしょう。

問題《もんだい》
47
中級《ちゅうきゅう》

ポジションを参考《さんこう》に、次《つぎ》の日本代表《にほんだいひょう》トップ選手《せんしゅ》を背《せ》の高《たか》い順《じゅん》に並《なら》べてみましょう。

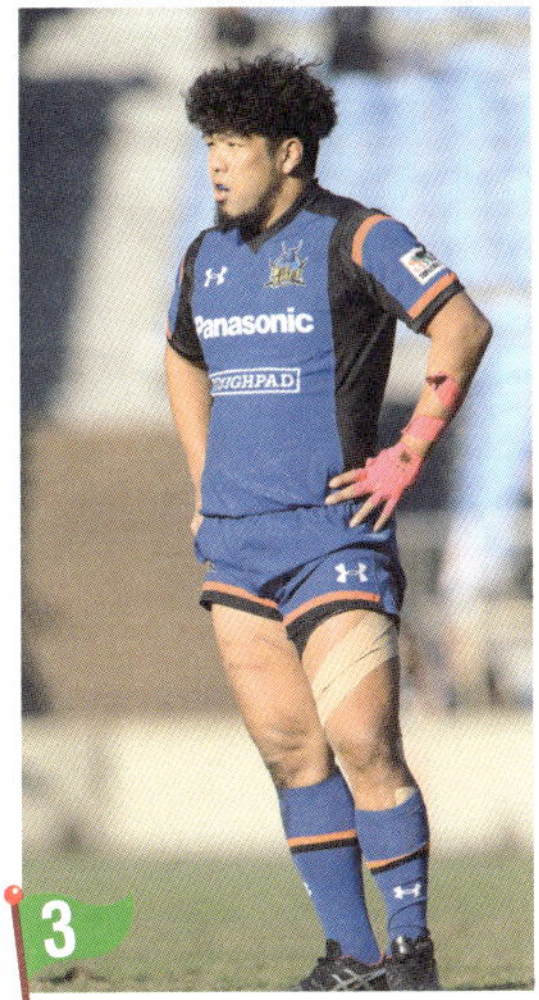

堀江《ほりえ》　翔太《しょうた》 選手《せんしゅ》
（フッカー）

大野《おおの》　均《ひとし》 選手《せんしゅ》
（ロック）

田中《たなか》　史朗《ふみあき》 選手《せんしゅ》
（スクラムハーフ）

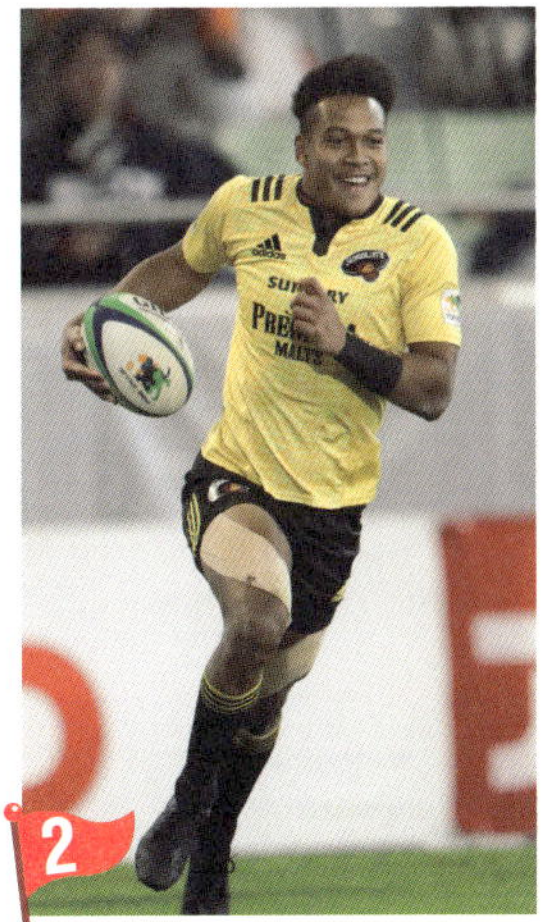

松島幸太朗《まつしまこうたろう》 選手《せんしゅ》
（フルバック）

＼ヒント／
hint

12ページで紹介《しょうかい》したポジションの特徴《とくちょう》を参考《さんこう》にして考《かんが》えてみましょう。

47の答《こた》え▼

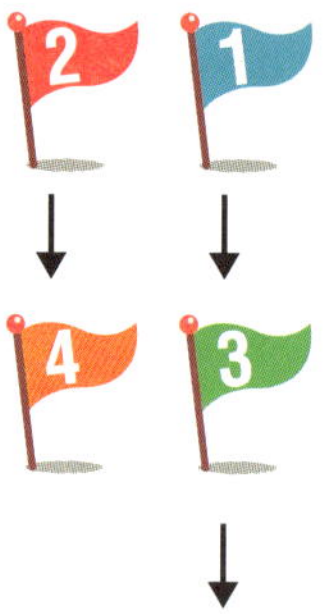

大野《おおの》 均《ひとし》 選手《せんしゅ》＝192センチ、105キロ
堀《ほり》江《え》 翔《しょう》太《た》 選手《せんしゅ》＝180センチ、104キロ
松《まつ》島《しま》幸《こう》太《た》朗《ろう》 選手《せんしゅ》＝178センチ、87キロ
田《た》中《なか》 史《ふみ》朗《あき》 選手《せんしゅ》＝166センチ、75キロ

▲左《ひだり》から大野選手《おおのせんしゅ》、堀江選手《ほりえせんしゅ》、田中選手《たなかせんしゅ》

これ知《し》ってる？

どんな体格《たいかく》でも、ラグビーでは活躍《かつやく》の場《ば》がある

よくいわれることですが、ラグビーはさまざまな体格《たいかく》の選手《せんしゅ》が活躍《かつやく》できるスポーツです。がっしりとした体《からだ》でスクラムを組《く》むプロップや、背《せ》の高《たか》い選手《せんしゅ》が揃《そろ》うロック、素早《すばや》く動《うご》いてパスをさばくスクラムハーフ、俊足《しゅんそく》を生《い》かしてトライを取《と》るウイングなどさまざまなポジションがあり、どんな人《ひと》でも自分《じぶん》の特性《とくせい》を生《い》かせる役割《やくわり》があります。2015年《ねん》のラグビーワールドカップで南《みなみ》アフリカから歴史的勝利《れきしてきしょうり》をあげた日本代表《にほんだいひょう》を見《み》ても、スクラムハーフの田中選《たなかせん》手《しゅ》は166センチと小柄《こがら》ですが、その試合《しあい》でマン・オブ・ザ・マッチを獲得《かくとく》する活躍《かつやく》を見せました。もちろん大《おお》きな選手《せんしゅ》のサイズは驚《おどろ》くほどで、日本代表《にほんだいひょう》として歴代最多出場記録《れきだいさいたしゅつじょうきろく》を持《も》つロックの大野選手《おおのせんしゅ》は、身長《しんちょう》192センチもあります。

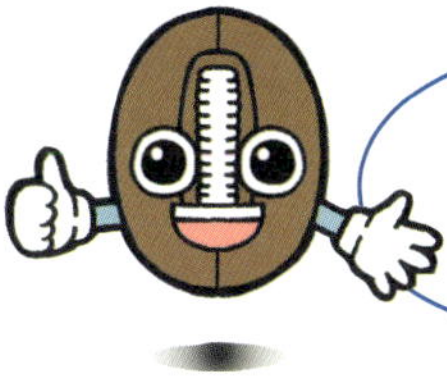

問題《もんだい》 48

初級《しょきゅう》

ラグビーで一番《いちばん》大《おお》きな国際大会《こくさいたいかい》は？

▲この写真《しゃしん》は答《こた》えの大会《たいかい》で日本《にほん》が南《みなみ》アフリカ代表《だいひょう》と戦《たたか》っている一枚《いちまい》

1 オリンピックラグビー

2 ラグビーワールドカップ

3 世界《せかい》ラグビーグランプリ

 答《こた》えがわかったらページをめくってね

48の答《こた》え ▶ 2 ラグビーワールドカップ

これ知《し》ってる？ 世界最大《せかいさいだい》の大会《たいかい》が日本《にほん》にやってくる

ラグビーワールドカップは、世界中《せかいじゅう》の強《きょう》豪《ごう》が一堂《いちどう》に会《かい》し、世界一《せかいいち》の座《ざ》を争《あらそ》うラグビー最大《さいだい》のビッグイベントです。1987年《ねん》にニュージーランドとオーストラリアで第《だい》１回大会《かいたいかい》が開催《かいさい》されて以来《いらい》、４年《ねん》に１度《ど》行《おこな》われ、現在《げんざい》ではサッカーワールドカップ、夏季《かき》オリンピックに次《つ》ぐ世界最大級《せかいさいだいきゅう》のスポーツイベントとなっています。2015年《ねん》にイングランドで行《おこな》われた第《だい》８回大会《かいたいかい》では、44日《にち》の期間中《きかんちゅう》に約《やく》46万人《まんにん》のファンが同国《どうこく》を訪《おとず》れ、チケット収入《しゅうにゅう》は約《やく》380億円《おくえん》、テレビ放映《ほうえい》された国《くに》は200以上《いじょう》にも上《のぼ》りました。

なお2019年《ねん》には、このラグビーワールドカップが日本《にほん》で開催《かいさい》されます。期間《きかん》は９月《がつ》20日《はつか》の開幕《かいまく》から11月《がつ》２日《ふつか》の決勝《けっしょう》までで、初《はじ》めてラグビー伝統国《でんとうこく》以外《いがい》で行《おこな》われる歴史《れきし》的《てき》なラグビーワールドカップになります。

このほか、７人制《にんせい》ラグビーがオリンピック正式競技《せいしききょうぎ》として2016年《ねん》のリオデジャネイロ大会《たいかい》から採用《さいよう》されています。

問題《もんだい》49

初級《しょきゅう》

**国内《こくない》ではどんな大会《たいかい》があるの？
正《ただ》しくないものがひとつあります。
どれでしょう。**

1. 日本選手権《にほんせんしゅけん》
2. トップリーグ
3. 大学選手権《だいがくせんしゅけん》
4. 全国高校大会《ぜんこくこうこうたいかい》（花園《はなぞの》）
5. エキサイトシリーズ

答《こた》えがわかったらページをめくってね

49の答《こた》え ▼ 5

エキサイトシリーズ

▲大学選手権《だいがくせんしゅけん》には関東《かんとう》、関西《かんさい》の名《かく》リーグの上位校《じょういこう》が出場《しゅつじょう》する

▲高校日本一《こうこうにほんいち》を決《き》める花園《はなぞの》

これ知《し》ってる？

社会人《しゃかいじん》はトップリーグ、大学《だいがく》は大学選手権《だいがくせんしゅけん》が国内最高峰《こくないさいこうほう》

国内《こくない》におけるラグビーの大会《たいかい》は、社会人《しゃかいじん》、大学《だいがく》、高校《こうこう》、中学《ちゅうがく》など世代《せだい》ごとに分《わ》けて行《おこな》われています。それぞれの主要《しゅよう》な大会《たいかい》をあげると、社会人《しゃかいじん》は16チームで争《あらそ》われる「トップリーグ」が最高峰《さいこうほう》の戦《たたか》いです。大学《だいがく》では関東《かんとう》、関西《かんさい》の各《かく》リーグ戦《せん》の上位校《じょういこう》が出場《しゅつじょう》できる「大学選手権《だいがくせんしゅけん》」が、最大《さいだい》のタイトルとなっています。また、毎年《まいとし》シーズンを締《し》めくくる大会《たいかい》として、社会人《しゃかいじん》と大学《だいがく》の上位《じょうい》チームが激突《げきとつ》する「日本選手権《にほんせんしゅけん》」も行《おこな》われてきましたが、こちらは2017年度《ねんど》より社会人《しゃかいじん》チームだけで行《おこな》われることが決定《けってい》しました。

高校《こうこう》では年末年始《ねんまつねんし》に大阪《おおさか》の花園《はなぞの》ラグビー場《じょう》で行《おこな》われる全国高校大会《ぜんこくこうこうたいかい》、通称《つうしょう》「花園《はなぞの》」が有名《ゆうめい》です。中学生年代《ちゅうがくせいねんだい》では、学校《がっこう》、ラグビースクールの単独《たんどく》チームによって争《あらそ》われる「太陽生命《たいようせいめい》カップ全国中学生大会《ぜんこくちゅうがくせいたいかい》」と、各都道府県《かくとどうふけん》の選抜《せんばつ》チームが参加《さんか》する「全国《ぜんこく》ジュニア大会《たいかい》」などがあります。

問題《もんだい》
50
中級《ちゅうきゅう》

ラグビーでは、国代表同士《くにだいひょうどうし》が戦《たたか》う正式《せいしき》な国際試合《こくさいじあい》を、独特《どくとく》の呼《よ》び名《な》で表《あらわ》します。次《つぎ》のうちどれでしょう。

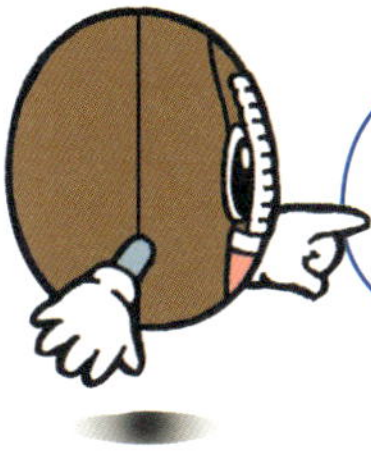

テレビで
聞《き》いたことが
あるかも!?

1 ワールドゲーム

2 テストマッチ

3 クライマックスシリーズ

野球《やきゅう》の試合《しあい》で
聞《き》いたことがある
名前《なまえ》もあるね

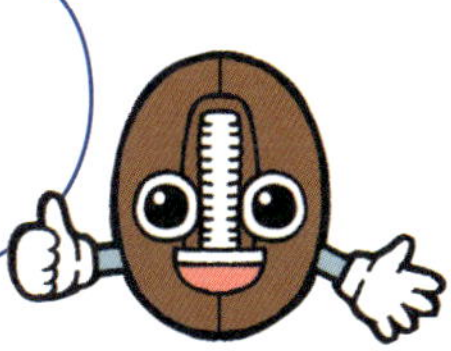

50の答《こた》え ▶ 2 テストマッチ

これ知《し》ってる？

テストマッチに出場《しゅつじょう》することはラグビー選手《せんしゅ》の最高《さいこう》の栄誉《えいよ》

　ラグビーでは、国代表同士《くにだいひょうどうし》が戦《たたか》う正式《せいしき》な国際試合《こくさいじあい》を「テストマッチ」と呼《よ》びます。「テスト」というと練習試合《れんしゅうじあい》のようにも感《かん》じますが、ラグビーでは国《くに》の代表《だいひょう》としての誇《ほこ》りをかけた真剣勝負《しんけんしょうぶ》を意味《いみ》し、テストマッチに出場《しゅつじょう》することはラグビー選手《せんしゅ》として最高《さいこう》の栄誉《えいよ》とされます。

　なお、テストマッチに出場《しゅつじょう》した選手《せんしゅ》にはキャップ（帽子《ぼうし》）が贈呈《ぞうてい》され、キャップの数《かず》でテストマッチの出場回数《しゅつじょうかいすう》が表《あらわ》されます。現在《げんざい》の日本代表《にほんだいひょう》の最多《さいた》キャップ保持者《ほじしゃ》は大野均選手《おおのひとしせんしゅ》で、その数《かず》は実《じつ》に98に上《のぼ》ります。(2017年《ねん》３月時点《がつじてん》)。日本史上初《にほんしじょうはつ》の100キャップ保持者《ほじしゃ》になるか注目《ちゅうもく》されています。

豆知識《まめちしき》

　以前《いぜん》は国際試合《こくさいじあい》そのものが少《すく》なかったため、代表選手《だいひょうせんしゅ》のキャップ数《すう》は全体的《ぜんたいてき》に少《すく》なかったのですが、現在《げんざい》はひとつの国《くに》で年間《ねんかん》15～20試合《しあい》ほどテストマッチを戦《たたか》うため、キャップ数《すう》が大幅《おおはば》に増《ふ》えました。世界《せかい》には100キャップをこえる選手《せんしゅ》も、数多《かずおお》く誕生《たんじょう》しています。

試合《しあい》に出《で》られない仲間《なかま》もいるかもしれないよね

問題《もんだい》
51
中級《ちゅうきゅう》

試合《しあい》に臨《のぞ》む際《さい》の心構《こころがま》えで大切《たいせつ》なことは？

ヒント
hint

ラグビーはチームの仲間《なかま》といっしょに戦《たたか》うスポーツであり、対戦相手《たいせんあいて》がいる競技《きょうぎ》です。

答《こた》えがわかったらページをめくってね

51の答《こた》え

尊敬《そんけい》と、チームを代表《だいひょう》して試合《しあい》に出《で》ているという気《き》持《も》ち

▲試合《しあい》に出《で》たら全力《ぜんりょく》でプレーしよう

なんで

リスペクトがあることで、ラグビーが成《な》り立《た》つ

ラグビーははげしく体《からだ》をぶつけ合《あ》うスポーツです。スポーツだからこそルールがあり、相手《あいて》とレフリーがいます。「やりたい放題《ほうだい》に暴《あば》れればいい」では、スポーツではなくただのケンカです。相手《あいて》やレフリー、ルールに対《たい》して、尊敬《そんけい》の気《き》持《も》ちを持《も》つ（リスペクトする）ことでラグビーが成《な》り立《た》っているということを、理解《りかい》しましょう。

リスペクトのなかには、「全力《ぜんりょく》を尽《つ》くす」ということも含《ふく》まれます。どの競技《きょうぎ》にも通《つう》じることですが、勝敗《しょうはい》にかかわらず、どんなときも全力《ぜんりょく》でプレーすることはとても大切《たいせつ》です。それを学《まな》ぶことこそが、スポーツをプレーする最大《さいだい》の意義《いぎ》であるともいえます。

試合《しあい》では、出場《しゅつじょう》する人《ひと》もいれば、出場《しゅつじょう》できない人《ひと》もいます。出《で》られず悔《くや》しい思《おも》いをしている人《ひと》がいるのに、途中《とちゅう》であきらめたり、投《な》げやりなプレーをしたら、それを見《み》ている仲間《なかま》はどう感《かん》じるでしょうか。たった１人《ひとり》のそうした姿勢《しせい》が、チーム全体《ぜんたい》の印象《いんしょう》にもなってしまいます。どんなときも「自分《じぶん》はチームを代表《だいひょう》して試合《しあい》に出《で》ているんだ」という思《おも》いを持《も》ってプレーしましょう。

問題《もんだい》 52

中級《ちゅうきゅう》

ラグビーが上手《じょうず》になるために、もっとも大切《たいせつ》なことは□を持《も》つこと。□に入《はい》る言葉《ことば》を考《かんが》えてみましょう。

上手《じょうず》になりたいなぁ

1 意思《いし》

2 ボール

3 バーベル

答《こた》えは 138 ページへ

問題《もんだい》 53

中級《ちゅうきゅう》

小学生《しょうがくせい》のうちは、□することがもっとも上達《じょうたつ》につながります。□に入《はい》る言葉《ことば》を考《かんが》えてみましょう。

試合《しあい》でも練習《れんしゅう》でも
これをすることが
大事《だいじ》だよ

1 筋力《きんりょく》トレーニング

2 ずる休《やす》み

3 チャレンジ

答《こた》えは 139 ページへ

52の答《こた》え

1

意《い》思《し》

なんで

話《はなし》をして
思《おも》いを伝《つた》え合《あ》えることが大切《たいせつ》だから

物事《ものごと》は、自分《じぶん》からやろうとすることで上達《じょうたつ》していきます。「先生《せんせい》から怒《おこ》られるからやる」というのでは、なかなかうまくなりません。「自分《じぶん》はこうしたい、こうなりたい」という意思《いし》を持《も》つことが、上手《じょうず》になるための第一歩《だいいっぽ》です。

自分《じぶん》の意思《いし》を相手《あいて》に伝《つた》えられること、相手《あいて》の話《はなし》を聞《き》けるようになることも大切《たいせつ》です。ラグビーは、１チーム最大《さいだい》15人《にん》という大人数《おおにんずう》でプレーする競技《きょうぎ》です。お互《たが》いの意思《いし》を言葉《ことば》にして伝《つた》え合《あ》い、理解《りかい》できるようにならなければ、いいプレーはできません。そうやってチームのなかで自《じ》分《ぶん》を生《い》かせる選手《せんしゅ》が、いい選手《せんしゅ》だともいえます。

特《とく》に小学生時代《しょうがくせいじだい》にこうしたことを学《まな》んでおくことは、とても大切《たいせつ》です。最初《さいしょ》のうちは話《はな》しづらいかもしれませんが、勇気《ゆうき》を持《も》って話《はなし》をする経験《けいけん》を重《かさ》ねていくことで、だんだん上手《じょうず》に話《はな》せるようになっていきます。そうなれば中学校《ちゅうがっこう》、高校《こうこう》と進《すす》んでいくにつれて、どんどんラグビーが上手《じょうず》になっていくはずです。